经理人下午茶系列 ③

团队

事业成功的保障

《哈佛管理前沿》《哈佛管理通讯》编辑组 编
笪鸿安 译

商务印书馆
2005年 · 北京

Teams That Click

图书在版编目(CIP)数据

团队——事业成功的保障/《哈佛管理前沿》《哈佛管理通讯》编辑组编；笪鸿安译．—北京：商务印书馆，2005
ISBN 7-100-04444-8

I. 团… II. ①哈…②笪… III. 企业管理-组织管理学 IV. F272.9

中国版本图书馆CIP数据核字(2005)第035381号

团　　队
——事业成功的保障

《哈佛管理前沿》
《哈佛管理通讯》编辑组　编
笪鸿安　译

商　务　印　书　馆　出　版
(北京王府井大街36号　邮政编码 100710)
商　务　印　书　馆　发　行
北京瑞古冠中印刷厂印刷
ISBN 7-100-04444-8/C·117

2005年5月第1版　　开本 650×1000　1/16
2005年5月北京第1次印刷　　印张 11¼
印数 15 000 册

定价：25.00元

商务印书馆—哈佛商学院出版公司经管图书翻译出版咨询委员会

（以姓氏笔画为序）

致中国读者

哈佛商学院经管图书简体中文版的出版使我十分高兴。2003 年冬天，中国出版界朋友的到访，给我留下十分深刻的印象。当时，我们谈了许多，我向他们全面介绍了哈佛商学院和哈佛商学院出版公司，也安排他们去了我们的课堂。从与他们的交谈中，我了解到中国出版集团旗下的商务印书馆，是一个历史悠久、使命感很强的出版机构。后来，我从我的母亲那里了解到更多的情况。她告诉我，商务印书馆很有名，她在中学、大学里念过的书，大多都是由商务印书馆出版的。联想到与中国出版界朋友们的交流，我对商务印书馆产生了由衷的敬意，并为后来我们达成合作协议、成为战略合作伙伴而深感自豪。

哈佛商学院是一所具有高度使命感的商学院，以培养杰出商界领袖为宗旨。作为哈佛商学院的四大部门之一，哈佛商学院出版公司延续着哈佛商学院的使命，致力于改善管理实践。迄今，我们已出版了大量具有突破性管理理念的图书，我们的许多作者都是世界著名的职业经理人和学者，这些图书在美国乃至全球都已产生了重大影响。我相信这些优秀的管理图书，通过商务印书馆的翻译出版，也会服务于中国的职业经理人和中国的管理实践。

20 多年前，我结束了学生生涯，离开哈佛商学院的校园走向社会。哈佛商学院的出版物给了我很多知识和力量，对我的职业生涯产生过许多重要影响。我希望中国的读者也喜欢这些图书，并将从中获取的知识运用于自己的职业发展和管理实践。过去哈佛商学院的出版物曾给了我许多帮助，今天，作为哈佛商学院出版公司的首席执行官，我有一种更强烈的使命感，即出版更多更好的读物，以服务于包括中国读者在内的职业经理人。

在这么短的时间内，翻译出版这一系列图书，不是一件容易的事情。我对所有参与这项翻译出版工作的商务印书馆的工作人员，以及我们的译者，表示诚挚的谢意。没有他们的努力，这一切都是不可能的。

哈佛商学院出版公司总裁兼首席执行官

万 季 美

目录

CONTENTS

目录

CONTENTS

引　言

请你回忆一下在不同团队中的各种经历。还记得某个团队的情形吗？那时的团队凝聚力强，所有成员都有一种集体归属感，一种有共同身份的感觉。为了实现团队的目标和圆满完成项目，每个成员都积极承担责任。在一起工作的时间越久，团队成员似乎越不需要管理和监督。如果情况是这样的，那你非常幸运，因为你在一个有效的团队中工作。如果团队凝聚力强，它会产生非凡的业绩，此业绩会超过将所有个体成员的才华简单相加而得到的总和。成功的团队应具有以下特点。

➢ 面对商业挑战能产生比个体所提供的更具创意的解决方法；

➢ 充分利用所有团队成员的多种技能；

➢ 磨炼成员的领导能力；

➢ 为了研发新产品，使团队工作进展更顺利，以及找到赢利策略而产生新的理念；

➢ 精神抖擞地、高效地、全身心地投入到任务的实施中；

- ➢ 使团队成员对工作进展感到满意和自豪；
- ➢ 对冲突进行引导，使它产生有益的效果。

失败的团队也有其明显的特点。在履行职责中，它们缺少活力，不能作出决定，而且会陷入具有破坏性的人际关系之中。在这种团队中，常常弥漫着一种使人厌倦的、消极对待工作的气氛。无效团队甚至可能会因为工作没有进展而付出代价：某些成员不想参加团队会议，而那些参加会议的成员也提不出什么有创意的想法。

如果你不幸在这种团队工作，你应该知道会有什么样的后果：浪费时间和金钱，发展后劲不足，团队项目因团队无效运转而不能圆满完成。

很显然，团队可以成就也可以毁掉一位经理人的事业，有时甚至会毁掉整个公司的事业。虽然团队有可能为其成员和公司创造重要的业绩，成功的团队却很少。为什么呢？这是因为领导团队和参与其中是一件很困难的事。做好团队工作需要人们对群体动态，以及群体成员一起工作一段时间后所产生的团队独特的"个性"有比较深入的了解。就如同情侣关系和伟大的友谊一样，有效团队也会发生神奇的化学反应，人们很难分析其中的物质，也很难将其一一分解。在当今全球化的商业环境中，各种不同的文化背景使团队工作更加富有挑战性。特别要指出的是，许多西方商界人士大多来自强调个人主义而非集体主义的文化传统。对于这样的人，无论是团队领导还是团队成员，也许都会发现他们很难从大局考虑问题。简而言之，管理团队需要具备一套与管理个体完全不同的技巧。尽管困难重重，你仍然可以采取一些措施，使你领导下的团队，或者你是其中一员的团队获得尽可能好的结果。本书可帮助你探讨下列四个主要问题。

- 什么会造就成功的团队和如何提高团队效率；
- 如何处理任何团队都不可避免出现的冲突；
- 如何应对由不同年龄段成员构成的团队和虚拟团队中出现的特殊沟通挑战；
- 为进一步提升团队绩效，如何对团队进行酬劳和奖励。

下面详细地说明这几个问题。

提高团队效率

作为经理，你每天都在与团队成员打交道，以便实施产品开发项目，或完成对市场细部的长期研究，或改善公司的服务质量。其中，有些团队由直接下属构成，而另外一些由你管辖范围外的人员构成。有些团队成员仅由相同工作地点范围内的人员构成，而有些团队却具有“虚拟”特性,即成员来自不同的办公地点,而且来自完全不同的时区。有些团队是你自己召集的,另外一些也许是为了解决某个紧迫问题自发地走到一起的。最后一点,一个团队的成员可能具有相似的文化背景和工作经历,而另一个团队的成员也许与之恰恰相反,他们属于不同年龄段的人,来自不同的部门,具有不同的文化背景和工作风格。

事实上,如果你在一个企业团队工作过一段时间,你会发现,与过去相比,现在人们需要同更多的团队打交道。为什么呢?这是因为随着公司寻求结构的“扁平化”,以及想让商业运作过程和组织文化发生所期望的变化,团队在商界已起到越来越重要的作用。作为研究领导能力问题的专家,丹尼尔·戈尔曼(Daniel Goleman)指出:“团队是公司授权的基本单位,也是可以改变组织规范的基本单位。”有效团队能使公司释放出它的创造力,与仅仅依靠孤独的天才提出创新想法相比,团队的创造力更大。团队提出的理念和解决方法常常比个体的更有创意。

然而,正如洛伦·加里(Loren Gary)在“管理团队与管理团队成员”一文中所指出的,管理团队与管理团队成员分别需要两套不同的方法。除非了解它们之间的不同,否则你也许会走错路,而且一路走得磕磕绊绊。为了避免出现这种情况,加里建议在创建团队之前应先考虑以下四个问题。

1. 对于具体任务而言，团队是否为最佳组织形式？团队“为了共同工作目标而将不同的技能汇合到一起，并在团队成员中分享领导权”。与团队相比，你也许从一人集权群体这种组织形式（a single-leader unit，或称为 SLU 形式）中获益更多。一人集权群体在早期的工作效率要比团队高。如果时间压力比较大，这种 SLU 形式也许更合适。

2. 是否确立了一些成员个人可以参与的集体目标？在成功团队中，成员“将自己的想法放在（团队愿景）中……在总体愿景中找到属于自己的具体目标”。

3. 就团队如何互动我向其他成员传递了什么信息？“团队生命周期的开始阶段至关重要”，巴布森学院（Babson）教授安妮·唐纳伦（Anne Donnellon）这样认为。在这个阶段，团队成员互相判断对方并审视团队领导。你该怎么办呢？你应该把你的想法讲出来：每个人都应分享领导权，为完成团队任务每个人都应承担职责，而不应去考虑指定的领导是谁。

4. 团队绩效管理体系是否起到了鼓励成员互相依赖和彼此负责的作用？如果没有，那就不可能将一些互不相同的个体凝聚成运转顺利的有效团队。那么，就要想办法来评估和奖励对集体而非个人目标所作的贡献。

如果断定团队而非SLU更适合具体的情况，那你就需要了解有效团队有什么样的明显特征。吉姆·比林顿(Jim Billington)在“有效团队的三个基本要素”一文中提出了以下三个关键要素。

1. 投入。在成功团队中，团队成员为实现具体的绩效目标而共同投入时间和精力。“他们花费了很多时间将目标具体化。”团队成员“完全致力于实现具体目标，并做到为获得良好的业绩而彼此负责”。如果在讲话中他们用“我们”一词，如“我们还必须设计市场调查方案”，并在提及彼此时具体到某人，如“是苏(Sue)要我们完成产品项目”，而不是“管理方需要我们拿出产品来”，你就知道团队成员确实有完全的投入。

2. 能力。大多数公司错误地以正式头衔，而不是以能力来决定成员在团队中的地位。其实，真正决定团队是否有效的是团队成员的核心力。在创建团队时，要寻找具备以下三种能力的人：专业技术能力、解决问题能力和人际沟通能力。

3. 共同目标。团队目标源于团队之所以存在的共同愿景，所以有别于个人目标。“通过描绘公司对团队的期望”来帮助团队确立目标。成功的团队“投入大量的时间和精力，来探讨和充实既属于团队也属于个人的目标，并就此达成共识”。例如，一个产品开发团队也许有这样的总目标：提高产品开发的创新能力，以实现年收入的一半来自新产品的公司目标。

如果作为整体的公司不支持团队工作，即使具备以上要素，团队也不可能成功。在“团队是否获得成功的关键是如何管理”一文中，几位作者阐释了经理人如何就团队工作的价值向成员发出一致的信息。

这里有一些可供借鉴的指导方法：要在自己和团队之间达成平衡，要详细解释团队目标，要让团队成员自己决定如何实现目标。要向成员提供团队工作技能的培训，如“倾听意见，与各种不同的人进行沟通，讨论如何致力于完成任务”。如果有可能，完全可以让整个团队在一起工作几年。毕竟，没有什么比实际经验更能让人们体会团队精神。另外，还要鼓励成员制定标准来评估工作绩效，并要成立一个督导委员会来督促指导团队工作的进展。

在“利用情商为团队增效”一文中，史蒂夫·巴斯(Steve Barth)重点讨论了成功团队所必需的人际沟通技能。特别重要的是，为了使团队具有“和谐和合作的能力”，团队成员需要将自我管理和处理各种关系的能力结合起来。但是，“团队情商并不仅仅是每个成员的情商总和”，它是当成员一起“显示崭新实力”时团队中出现的一种特征。

为了使团队具有这种崭新实力，团队需要具备三个要素，即信任（团队成员互相关心，互相爱护，彼此真诚对待，共同致力于团队目标）、群体身份（团队成员感到他们需要团队，团队也需要他们，并且觉得他们的努力是值得的）和群体效能（人们对完成任务信心十足，并且知道一起工作比个人独自完成任务更有效率）。

经理人可以通过强化意识和协调三个层次的关系，使团队具备这三个要素。这三个层次是指个人层次（每次开会前都让各成员谈谈各自情况）、团队层次（对团队的情绪进行认可，并谈谈自我感觉是什么在激发团队的精神）和跨边界层次（加强你自己的团队同与之有关的组织的关系）。

如果重视开发情商，团队的创新能力就会得到极大提高。吉姆·比奥洛斯（Jim Biolos）在“使团队具备创新能力的六个步骤”一文中，探讨了团队创新能力问题。要使所在团队的创新理念渗透到成员思想中，就要考虑这些指导方针：通过以身作则和确立合适目标，显示出对团队的信心。鼓励成员在团队中进行开放的和流畅的沟通，确保他们能很坦然地表达自己的看法。给予团队成员较多的权利，以便他们就如何履行职责寻求新方法。提供所需资源，并且一定要让他们知道这些资源是有保障的。这样他们就不会浪费时间，为是否能得到完成任务所需的资源而担忧。给团队成员布置具有挑战性的工作，而且还要使他们对工作产生兴趣。要知道团队成员是否有压力，以便在过大压力和过小压力之间实现平衡（压力过大和过小都会窒息团队的创新能力）。

解决团队冲突

团队具备了各种必需的要素，未必就意味着团队成员之间就不会发生冲突。事实上，每个团队都会经历各种冲突。例如，人们可能会就如何着手完成任务和确定项目的重要事项产生分歧，或者某位成员可能会断定另一位成员比较固执、保守或挑剔。当冲突发生时，人们的情绪会变得激动，并且逐步升级。还没有来得及搞清是怎么回事，团队的两位成员就已经在相互指责对方敷衍了事。这样，可能就会使成员在以后的一段时间内不能充分发挥自己的积极性。

然而，即使是最激烈的冲突也会大有裨益，前提是要巧妙地处理它。毕竟，如果没有冲突，团队就没有意见分歧，而意见分歧可以促进学习和培养创新能力。如果团队成员对发表意见很勉强，好的想法就不会出现，团队也就停滞不前。因此，不惜一切代价回避冲突会严重损害团队的有效运转。

在“表明自己的想法”一文中，洛伦·加里探讨了回避冲突的危害性。他解释说，团队成员常常不公开表达彼此不同的意见，因为害怕会对时间紧迫的项目有影响。但是未表达出的分歧会埋下隐患，使团队失去交换和质疑想法的机会。当怀疑和担忧出现时，人与人之间的关系和决策过程就会受到影响。

为了更有效地处理冲突，需要采取以团队为基础的处理分歧的措施。例如，如果两位成员之间发生了冲突，要防止冲突“三角化”，即寻求第三方“救援者”解决冲突。要避免为自己的观点积极寻找支持者，也不要在其他成员不在场的情况下批评他们。要将分歧看作是组织结构的事，而不是个人之间的冲突。

更重要的是，要为处理冲突制定一些基本规则。对于这一点，吉姆·克林(Jim Kling)赞同加里的看法。在“缓解团队紧张气氛”一文中，克林叙述了一些成功团队的领导提出的其他建议，现列举如下。

- 坚持冲突一出现就着手解决；
- 与紧张气氛共处，不断探讨富有创意的各种备选方法；
- 将有分歧的问题列在一块白板上，并让团队成员围着白板坐成半圆形，这样就使团队成员把关注的焦点放在问题上，而不是放在对方身上。

在“处理团队冲突的技巧”一文中，几位作者描述了在团队中会使冲突激化的几种个性不同的人，以及应对策略。例如，对“爱炫耀”的人（此类人喜欢喋喋不休地说个不停，并喜欢不停地吹嘘自己的成功），只要他一停下来喘气马上就恭维他，然后将注意力转向其他人。对“唱反调的人”（此类人喜欢用批评来打断每一次头脑风暴），要向他挑战，叫他提出积极的意见，可以这样问：“你觉得在这个提议里什么是可行的？”几位作者还提出了应付其他一些人的策略，例如“低声旁白者”（此类人喜欢小声地讲一些讽刺挖苦的话）、“顽固不化者”（此类人抵制一切变化）和无过错但喜欢打岔者（此类人本意是想迎合，但嘴就是停不下来）。

在“消除团队成员的顾虑”一文中，马蒂森·克罗(Mattison Crowe)特别关注那些沉默不语的心存顾虑者。作者指出有六个原因导致团队成员不敢公开发表自己的意见。①成员认为只有专家才有资格发言。②当讨论似乎毫无头绪时，他们常常倾向于接受似乎有道理的解决方法。③团队成员对自己的能力缺乏自信。④他们认为所讨论的决策不重要。⑤成员个人感到有压力，觉得应该与团队决策保持一致。⑥团队充满着一种不良的决策氛围。

为了激发人们提出不同的观点，并产生正确的决策，要清楚说明团队正在为之努力的目标，要询问已有的备选方案的情况。例如，“有人担心此决策会使项目受到耽搁，对此我们怎么看？”要假设你有异议，要对设想和结论进行质疑，以便产生其他不同的观点供人们讨论。

丽贝卡· M. 桑德斯(Rebecca M. Saunders)的“解决团队次年滑坡问题”一文是本部分最后一篇文章。桑德斯描述了许多团队在项目进展一年左右时所遇到的问题,即“团队中期危机”。在这个阶段,团队成员开始迟到或根本不到会,那些到会的成员也似乎心不在焉。这样,“即使团队事有所成,与第一年相比,业绩也差得很远”。

这个问题源于人的共性:在进行长时间的努力工作后,人们都会“筋疲力尽”,但团队领导还是可以采取措施防止它发生。例如,可以使人们聚焦于团队的进步,教会团队成员新技能,确定新的团队目标,让成员轮岗,以及对成员额外的工作给予酬劳,这样可以帮助团队获得新活力。

多样化团队和虚拟团队的沟通管理

本部分的几篇文章讨论的是两种常见的团队类型:由几个年龄段成员构成的团队和成员包括不同办公地点与跨时区成员的虚拟团队。这些团队的组合形式对经理人提出了独特的沟通挑战。

在“激发团队中不同年龄段成员的积极性”一文中,戴维·斯托弗(David Stauffer)探讨了在由这些人构成的团队中所出现的困境。目前，美国的劳动者由四个年龄段的人构成：“沉默的人”（年龄在59岁以上）、“婴儿潮出生的人”（年龄在41～58岁）、“X代人”（年龄在24～40岁）和“下一代人”（年龄在23岁以下）。每一代人往往具有共同的特性，他们偏爱某些沟通形式，对一些具体的激励方式会作出可预料的反应。为了让这些人构成的团队发挥最佳效率，经理们必须调整沟通方式，并激发这些人的积极性。

例如，沉默的一代中有许多人比较喜欢面对面的交流和直接的电话交流，而不太喜欢用录音电话、传真和电子邮件。他们往往会对传统的认可形式作出反应，如奖状、证书、与高级经理的合影留念。许多婴儿潮出生的人喜欢用以人为本的方式来陈述团队目标。他们发现，鼓舞团队士气的讲话，以及受到广泛关注的认可形式，如公司内部简讯的文章，都能令人干劲倍增。X代人不愿被告知怎么做。要让他们有时间休闲，而且要经常给予坦率的反馈，这样做可能会调动他们的积极性。下一代人看重的是不断的学习和技能的培养。教练式指导和非正式的沟通（如电子邮件和简短的走廊交谈）可以对他们产生强大的激励作用。

在“虚拟团队的管理艺术”一文中，作者将关注点转移到了成员跨时空和组织界限又彼此相互依赖的团队。为了保持那些很少碰面或从未聚首的虚拟团队成员的活力和干劲，要特别重视明确团队的目标和愿景。

为了使团队成员拥有一种集体荣誉感，避免在虚拟环境中产生误解，团队领导必须不断地与成员进行沟通，表示自己期望团队成员能共享信息，并共同遵守团队的规范。此外，还需鼓励团队成员"详细说明信任对他们每个人都意味着什么。例如，信任可能意味着如果你给我发来电子邮件，马上就要什么东西，我会尽一切可能在三小时内给予回复或告诉你我不能办到"。

在"虚拟团队管理艺术的重要经验"一文中，查尔斯·沃德尔(Charles Wardell)就"虚拟管理"方面的问题提供了一些指导经验。例如，在承担虚拟团队的管理职责前，要先巩固管理现实团队的能力。一旦开始管理虚拟团队，就要每天检查电子邮件以注意团队中发生的冲突，然后通过直接与冲突双方进行电话交流的方式以防止冲突扩大。同时，也可以用电话交流的方式探讨团队潜在的问题。如果可能的话，可让团队成员来参加项目的开工会。面对面的接触可以帮助确立共同的目标，并使每个成员"胸中燃起一团火"。

酬劳和奖励团队

如何酬劳和奖励你的团队，这一点非常重要。它与确立集体感、有效引导冲突以及处理代际差异同等重要。但是团队酬劳和奖励体系并不仅仅指提高薪水和发奖金。酬劳和奖励体系必须具体团队具体处理。

在“如何酬劳团队”一文中，洛伦·加里描述了如何根据所在团队类型调整酬劳方式。例如，对于平行团队（那些与正常的组织结构平行存在的团队），加里建议使用“额外奖励体系，例如收益分成计划。该计划先量化降低成本得到的收益或其他收益，然后按照事先定好的制度在成员中分成”。对于项目团队（将不同部门的人员抽调到一起，在一段较长时间内为某个独立项目而工作），要考虑将酬劳与团队完成的任务结合起来。对于工作团队（它们的成员本来就在一起全日制工作，实行自我管理，成员之间彼此依赖。它们或生产某个产品或提供某种服务），要使用特别制定的激励体系，如提高薪酬或发奖金等形式的绩优奖。

对于如何酬劳项目团队，“如何奖励项目团队”一文给出了其他方面的建议。作者认为，对于这样的团队，额外的奖金或非现金方式的认可，都不如将酬劳与团队目标和成员工作回报的价值结合起来有效。要将奖金与可衡量的结果结合起来，并让成员自己“分配奖金”。对于非现金形式的奖励，可采用购买公司产品、家庭清洗服务、电影票、城里的晚宴等方式，使成员知道各种不同选择的价值，并允许他们选择怎么去“用”它。将现金奖励和非现金奖励结合起来的酬劳形式也许最有效。

不论团队的目的、构成和运作的基础是什么，对于任何经理人来说,领导团队都是一项特别的挑战。但是通过了解成功团队的秘诀,了解如何处理在任何团队工作中都不可避免发生的冲突,了解如何应付年龄差异和距离,了解如何巧妙地进行奖优,你可能会很快挖掘出所在团队的潜力,并为公司创造良好的业绩。

第一部分

提高团队效率

在成功的团队中，每个成员都强烈地感到必须为共同目标而全力以赴。为了实现目标，他们积极承担责任，不考虑各级指定权力的影响。成员的创新能力高涨，他们在工作中精神饱满，充满热情。

本部分的几篇文章介绍了成功的团队如何与众不同，并探讨了如何帮助团队挖掘最大潜力。除了要在团队中确立三个要素，即投入、能力和共同目标之外，还需开发团队的"情商"，也就是将自我管理和使团队产生显著成效的关系技巧有机地融合到一起。

将正确的团队行为要素以正确的方式融合到一起，会产生什么结果呢？会产生新的理念、解决迫在眉睫问题的富有创意的方法和越来越具有凝聚力的团队。

1. 管理团队与管理团队成员 ……

洛伦·加里
Loren Gary

1. 管理团队与管理团队成员

洛伦·加里

这种情况可能会让你感到莫名其妙：作为一个不错的领导，你将团队的一位成员拉到旁边对她说干得不错。三天后，你得知所有其他的团队成员都很恼火，因为单单是她受到了重视。或者，在公司里你费尽周折为团队提供资源保障，但团队成员似乎没有人对此表示一点点的感激，也没有人因此精神饱满，干劲十足。那么，你就需要了解一下管理学中的重要一点：管理团队与管理团队成员并非一回事。

两者之间有什么不同呢？答案显然会随着一些因素的不同而有差异，如团队的任务和成员的构成。例如，团队是在筹划一年一度的野餐会，还是在设计一个与公司命运休戚相关的新产品？任务是长期的还是短期的？团队是由一些老资历的专家们构成，还是都是你的直接下属呢？为了弄明白这些问题，并最大限度地提高团队的效率，《哈佛管理前沿》(*Harvard Management Update*)杂志提供了四个需要弄清楚的问题。

对于具体任务而言，团队是否是最佳的组织形式？

也许你根本不必考虑管理团队与管理团队成员这个复杂的问题，因为这取决于着手完成任务的性质。也就是说，在某些情况下也许不需要乔恩·卡岑巴赫(Jon Katzenbach)所谓的"现实的团队"。乔恩·卡岑巴赫是麦肯锡公司(Mckinsey & Co.)的董事，他曾与他人合著了《团队智慧——创建高效组织》(*The Wisdom of Teams*:*Creating the High-Performance Organization*)一书。例如，如果在完成工作中对速度的需求超过其他的考虑，那么采用传统的一人集权的组织形式，或叫 SLU 的组织形式会更有成效。虽然现在"团队"一词几乎无处不在使用，但多数工作群体与这个名称全然不符。卡岑巴赫宣称，更准确地说，这些群体虽然有 20 世纪 90 年代的时髦称呼，但它们都是简单的一人集权的群体。

卡岑巴赫说，在真正的团队中，"其成员会轮流担当领导角色；相比之下，在 SLU 组织形式中，领导总是同一个人。而且，真正的团队必须将它拥有的技能整合到一系列共同的工作目标中。在 SLU 组织形式中，其成员并不去做一些集体工作，他们各自到自己的办公室，干自己专业份内的事，然后由个体领导承担整合工作。”

“真正的团队最终能以高于 SLU 组织形式的质量和创造力来运转。虽然如此，要使它达到真正以团队方式运作的地步还需要较长时间。相比之下，SLU 组织形式中的领导一开始就知道他需要什么，就可以将任务根据技能的不同分派给相应的成员。因此，在早期阶段，SLU 组织形式的生产效率更高。”

SLU 肯定有其积极的作用，但如果一直以这种组织形式运作，就会影响其所在公司的效率。因为从长远来看，这种组织形式不能带来真正的团队所具有的高效率。要培养一种可以形成真正团队的氛围，就要创造一些条件，使所有成员都能轮流领导，并能自发地将其工作合为一体。这就要求有指定权力的人，也就是你，来制定团队成员的行为规范。

我是否确立了一些成员个人可以参与的集体目标?

苏珊·G. 科昂(Susan G. Cohen)是南加州大学商学院有效组织研究中心的副教授。她说:“清楚说明集体目标是什么，这是管理层的职责。”这样的目标并非都是一些简单的为总目标服务的个人目标，它需要成员彼此负责，也就是目标必须由成员共同制定。“集体目标所包含的价值观和愿景将人们凝聚成一个更大的整体，”科昂补充说，“因此，这个愿景的范围要大，要使成员个人的想法也能在其中表现出来，使他们在整体愿景中找到自己个人价值的意义。”

就团队如何互动，我向其他成员传递了什么信息？

安妮·唐纳伦（Anne Donnellon）是巴布森学院（Babson）的副教授，是《团队交谈——团队中语言的力量》（*Team Talk: The Power of Language in Teams*）一书的作者。“一个团队生命周期中的前几个月非常重要，”她说，“这段时期团队成员都在对拥有更多指定权力的人进行审视和判断。很可能会出现这样的情形，成员们被动地坐着，等待指定领导告诉他们去哪里，做什么。在一个好的团队，每个人都能担负起责任，不去考虑谁拥有指定权力。对团队领导而言，具有挑战性的是向成员表明自己对分享权力和分担责任确实感兴趣，创造这样的氛围是团队领导的职责。”

在这个阶段，至关重要的是“整合团队成员的专门知识和专长”。例如，如果团队领导难以抵制住行使职权的诱惑，自己独自去完成任务，那其他成员永远都不会相信自己的才能会真正受到重视，永远都不会相信他们会被赋予更高层次的责任。“管理团队成员和管理团队的很大不同就是团队成员之间互相依赖。”唐纳伦接着说，“在一起工作时间越长，他们就越不需要监督和管理。”团队领导应该公开或以其他巧妙的方式鼓励成员互相沟通，而不是仅仅与他或通过他进行沟通。

卡岑巴赫认为，只有在早期阶段，即成员仍然处于形成团队的过程中，团队领导才需提醒自己，要对群体中的个人进行管理。“一旦群体成为团队，”他说，“它就能以不同方式来应对个人需要和利益。团队领导会改变管理方法，不再事事都需要由他一人负责和定夺。在团队运作中他成为拾遗补漏的角色。这是真正团队的标志之一，甚至是指定的团队领导也在做切切实实的工作，而不只是做协调工作。”

唐纳伦建议，团队领导应该“与成员进行策划和协商，并考虑他们的缺点和兴趣”，而不是宣布这事应该怎样，那事应该怎样。在决定一些看起来即使是无关大局的事情时，如安排定期会议，也要让团队的每个成员都参与决策。这样做就会传达一个有力的信息，谁至关重要？这个团队将如何运作？

如果有人表达与团队领导不同的意见，团队领导将如何应对？这可能是团队早期运转的又一重要问题。“人们会观望事态的发展，期望从中能看出团队领导的管理风格。”唐纳伦解释说，“因此，确立良好的处理冲突的方法非常重要。可以要求持不同意见的人进一步解释他的观点，或请他将意见重新叙述一下，以表明你理解他的想法。承认他也许是对的，再问他是否有客观依据来帮助解决意见分歧。需要形成这样的管理风格：允许成员有不同的意见，而且不同的意见应该得到重视。这就向团队成员表明了他们的意见有价值。”

唐纳伦将这种处理冲突的方法描述为“保持权威但不专横”。即使到了指定权力在团队中不再发挥作用的地步，她解释说：“指定的领导还应该拥有更强的专长或才能。但是，特别是当团队由才华横溢的成员构成时，团队领导需要尽可能少地行使指定权力。事实上，他越能抵制住行使指定权力的诱惑，并更多地使用一些非正式的影响力，其效果就越好。”

团队绩效管理体系确实起到了鼓励成员互相依赖、彼此负责的作用了吗？

即使对团队形成阶段的方方面面都考虑得非常周到，但是如果没有一套合适的绩效管理体系作为支撑，再大的努力也不会很有效。绩效管理体系是评价和奖励为实现集体目标所作的贡献。“但多数传统绩效管理体系的问题，”科昂说，“在于它们都针对个人。主要基于上司/下属模式(参见 SLU)……。即使人力资源界中现行的做法,即 360 度评估法,也仍然奉行个人评估原则。它不处理作为整体的集体反馈信息。”

确立一套合适的绩效管理体系常常需要从基础部分做起,这就意味着要创立一种评估工具。它首先衡量集体绩效,再衡量集体中的个人对集体目标所作的贡献。然而,科昂提醒人们,虽然短期考虑可能很重要,但不要仅仅着眼于短期目标。她解释说:“一个项目的长远意义在几年内可能不明朗,但无论如何在评估时应尝试考虑长远意义。”例如,金莲发展公司(Lotus Development)中一个设计软件的团队就试图这样做过。除了通常的一些评估内容,如在规定时间内完成任务,符合产品设计要求,以及纠正产品缺陷,他们还将市场份额和长远销售计划也包括在评估组合中。

科昂说,评估方法必须加以改变以满足成功团队的需要,奖励方法也应如此。一种技能奖励体系,或以能力为主的奖励体系,“鼓励团队成员获得新技能,新技能又帮助提高团队绩效。这种方法还有一个优点,就是使管理方在雇员应掌握哪些技能方面起到一定的帮助”。

设立团队奖以奖励团队的突出业绩是可以的,但可能会出现一些问题。科昂提到了一家保险公司所遇到的问题。该公司设立的团队奖事实上并不利于分布在该国各地团队之间的合作。这方面还有很多问题有待于我们去研究。个人渴望被认可，这是人的基本需求，必须一直将它作为评估体系的要素之一。例如，科昂建议，以非正式的、日常的方式对个人贡献给予认可常常最为有效。但背后你可能还是会听到有人小声议论："如果这确实应该看成是集体努力的结果，那为什么是她受到了表扬呢？"能否找到一个既能避免争议又使人满意的、公正透明的奖励团体的方法呢？

2. 有效团队的三个基本要素 ……

吉姆·比林顿

Jim Billington

2. 有效团队的三个基本要素

吉姆·比林顿

目前,“团队”、“团队工作”和“管理团队”这些短语已成为管理实践的代用词,这些管理实践与自我管理的团队做法相去甚远。常常遇到一名经理在谈到召集团队一起来开会,或者一名安全分析者在书面材料中提到某某公司的“高层管理团队”这样的情况。其实,不论这些团队由什么人构成,也不论有什么样的优点,它们都不符合社会学家关于真正团队如何互动和运作的描述。事实上,“团队工作”已经成了一个杂货袋,它几乎囊括了所有那些希望与糟糕的、陈旧的、等级制的、以命令和控制为主的管理方式划清界限的各种管理方法。

团队一词不可思议地被越来越广泛地使用,其中包括许多并不符合传统团队意义的情况。这是因为一些组织想得到团队所能带来的创造力和高效。雇员个人也希望被看作是团队成员而不只是下属。然而,很少有团队能挖掘它们的潜能，这就是为什么我们桌上有太多有关团队建设书籍的原因之一。为什么团队仍然常常失败，而所有的故事都在宣扬他们如何挖掘其潜能呢（如果你记不清，就想想施乐公司的团队、迪斯尼公司的团队、柯达公司的斑马团队）？

考虑到目前团队一词定义的混乱，并且人们强烈地希望提高团队绩效，因此我们决定弄清楚有效团队的真正内涵。回顾近来阅读的相关文献后发现，有效团队必须具备以下三个基本要素：投入、能力和共同目标。各个要素都有点不好把握，因为它们看起来好像不是你所期盼的，而且也许你很难搞清楚那些你希望构成团队的人是否具备这些要素。

投　入

乔恩·G. 卡岑巴赫和道格拉斯·K. 史密斯（Douglas K. Smith）是《团队智慧——创建高效组织》一书的作者。他们认为，团队的本质特征是大家共同为实现具体的工作目标全力以赴。最佳团队会投入大量的时间把当时的目标具体化。一线工作需要所有人员都投入到一些具体目标的实施当中，并且彼此为实现共同目标而相互配合。换句话说，成员的投入源于对团队希望实现的目标具有共同的责任感。

根据高级经理们的设想所组成的团队获得特别绩效的情况很少见。卡岑巴赫和史密斯举了一个例子说，里茨·卡尔顿（Ritz Carlton）连锁旅店曾匆匆忙忙成立了飞行员团队。此项目没有什么具体绩效目标，只是为了要达到“团队建设”这个很模糊的目的。与此形成对照的是，当《塔拉哈西民主报》的广告部经营步入困境时，由一线人员组成的任务团队为此挺身而出。该报纸的广告经营受到来自地方电视台和有线电视台的挑战，其他地方报纸也开始纷纷倒闭，从而使他们感到危机重重。该团队最初的工作是消除广告中的错误。但是当他们意识到类似的改进方法已能使该报继续生存下去时，他们就着手解决有关销售报道文字过于夸张和广告中的美术设计更换太慢的问题。开始只是个任务团队，可是后来它实际上变成了整个报纸的权威领导核心。它与众不同的地方是投入，大家彼此协力，共同投入到挽救报纸这个明确的目标中。

如何知道团队成员真正投入到团队工作中，而不仅仅只是在为一些不切实际的目标而纸上谈兵。《团队交谈——团队中语言的力量》（*Team Talk：The Power of Language*）一书的作者安妮·唐纳伦认为，通过分析团队成员的语言可以清楚地了解成员是否真正投入。例如，当团队成员用被动句或第三人称代词描述他们正在进行的工作时，如“那个目标还有待于去实现”，“它会在今年将新产品搞出来”，那就是一个警示。

团队是“它”还是“我们”，表明团队遇到麻烦的另一个迹象是人们用比较笼统的词语指代人，即“管理方要我们这样做的”。当团队成员真正全力投入时，他们使用的语言会具体到个人。唐纳伦在书中就如何分析团队交谈语言提出了一些具体指导，它能帮助团队通过分析其使用的语言更好地了解自身情况。例如，密切关注成员如何使用语言可以帮助消除由文化差异而引起的误解。如果描述某人是“野人”，这在帕洛阿尔托是一种赞美，而在苏黎士则是一种侮辱。同样，超时工作在克利夫兰是高投入的表现，而在波尔多却表明家庭出现了问题。

其他专家一致认为，语言是区分真正团队和为完成“月度任务”而成立的团队的重要标志。在标题很具有挑衅性的《团队不再！掌握创造性合作的活力》(*No More Teams! Mastering the Dynamics of Creative Collaboration*)一书中，迈克尔·施拉格(Michael Schrage)嘲笑用来描述团队建设工作而到处使用的词“合算”：“当经理们开始在谈话中说合作‘合算’时……合作就被看成是建立同盟关系的政治工具，而非真正创造价值的方法。”

团队成员增多时，对团队工作的投入往往会减少。专家们一致认为，超过 20 人的团队很少有实效。理想的团队成员数是 10 人或少于 10 人。

有效团队的主要特征之一是
团队成员亲密无间。
许多团队看上去更像是战场。

虽然专家们对于一起工作是如何重要持有不同的观点，但是如果让团队成员集中到一起，他们对团队工作的投入会增加。施拉格说，团队只需要一个特别称之为“共享空间”的东西，一幅蓝图或一个大概的愿景可能是将身处异地的合作者维系在一起的惟一东西。由唐·曼金（Don Mankin）、苏珊·G. 科昂和托拉·K. 比克松（Tora K. Bikson）合著的《团队和技术——实现新型组织的保证》（*Teams and Technology: Fulfilling the Promise of the New Organization*）一书，描述了通过信息技术而不是在一起工作来加强团队合作的方法。然而，几乎所有专家们所引用的高绩效团队的例子都是一起工作的团队，或至少曾经在某时集中到一起的团队。唐纳伦也指出，如果团队成员不能面对面地交流，误解就会增多。

使团队成员投入到团队工作的另一方法是，根据团队集体努力的结果而非成员个人绩效进行奖励。施拉格认为，没有什么比老板将团队成绩据为己有，并因此受到奖励而更窒息团队成员积极性的了。然而，在美国商界个人主义导向根深蒂固，几乎没有公司想方设法根据团队成绩来评价和奖励团队成员。施拉格提出了一些很实用的建议，用同行评议和工作小组评议的方法来充实个人绩效评估。

能　力

每个团队成员可以真正为团队作出什么样的贡献呢？成员的核心能力常常在团队框架中被忽视，然而它却是决定团队是否有效的一个关键因素。大多数公司错误地根据成员的正式头衔或在组织中的地位来决定他在团队中的地位。

卡岑巴赫和史密斯提出，创建团队时需要在其成员身上寻求三种能力。第一种是专业技术能力。如派出的营销员是否能真正了解消费者，是否能设计出新方案来吸引消费者？第二种是解决问题的能力。她是否不仅能完成既定的正常的任务，还能透过凌乱的、复杂的现象帮助人们抓住事物的本质？第三种是人际沟通能力。她是否能将有关自己本专业方面的想法传达给来自其他专业领域的成员，从而增进团队协作？这三种能力合到一起，构成了使团队成功的合力。

施拉格认为，有效团队的主要特点之一是成员亲密无间。事实说明，许多团队看上去更像是战场。当非常能干的设计师与非常能干的营销员之间发生冲突时，就由非常称职的成员构成的团队来解决这个矛盾，并将它看作是达到协同一致的机会。他们将好点子与好点子进行对比，从而得到最佳点子。在曼哈顿项目团队中，物理学家的数量要远远超过团队协调人的数量。在这个可能是有史以来最大的合作项目中，争论一直贯穿始终。可是，人们为共同目标而发挥了自己的个人才智，其结果是该项目得以圆满完成。所有专家都认为，只要管理得当，即使成员来自不同的专业领域，资深专家们的各种个人的实用才能也可以汇集到一起，从而使团队获得跨领域的成功。史蒂文·科维(Steven Covey)概括了妥协和协同一致的区别。他说："妥协的效率公式是 1＋1＝1.5，而协同一致的效率公式是 1＋1＝3。"

共 同 目 标

在最近一次讨论会上科维还指出，"团队存在的目标是什么?"这个问题可以使许多团队安静下来。如果团队成员对共同承担的工作目标没有共同的愿景，在一起工作时他们就不会发挥应有的潜能。"你们是否尝试过拼图游戏?"他问，"如果许多人脑海里都有各自不同的图案，结果将怎样？那将是一团糟。"因此，科维说："首先要胸怀目标。"

卡岑巴赫和史密斯指出，团队目标有别于公司目标，也不同于成员个人目标的总和。公司管理部门可以向团队提出大概的要求，以帮助团队开始运转起来。这时，最佳团队就会投入大量时间和精力，探讨和制定既属于团体也属于个人的团队目标，并就此达成一致。团队目标必须可衡量、可达成，而且应该要求所有成员付出大致相同的努力。

例如，3M公司的总目标是，公司一半的年收益要来自过去五年推出的产品。3M公司职业健康和环境安全部的产品开发团队组建于20世纪80年代，因为那时传统的组织形式缺少足够的创新能力，不能完成公司的目标。这些组建的团队被赋予自主权，具有确定自己团队目标、预算等的权力。但是团队总体目标一直非常清楚，提高部门创新能力以实现公司总目标。

经过研究决定的、明确说明的和取得广泛认同的目标可以激发团队成员的创造力，他们将尝试各种新方法来实现目标。曼金和同事描述了如何创建一个鼓励成员“拾遗补漏”的团队。正如市场形势和消费者需求会变化一样，团队策略也可以变化。存在的问题是，在采用具体策略前必须清楚地了解目标是什么。只有每个成员都完全理解团队目标并就此达成一致，才能创建一支“勇于创新的、自发性强的、会带来惊喜的”团队。在苹果电脑公司创建初期，从一开始各部门工作和沃兹尼亚克(Wozniak)之间合作的目标就是设计和制造人们买得起的个人电脑。一贯坚持此目标使得公司能一次又一次地“为我们大家”完善个人电脑的细部。

卡岑巴赫和史密斯提供的另一个说明共同目标起作用的例子，是伯灵顿北方公司（Burlington Northern）的跨形式作业团队的经历。随着20世纪80年代铁路行业出现的混乱情况，伯灵顿北方公司的几位经理看到了“跨形式”货运的机会，即将卡车运输和铁路运输混合起来以提高货运效率。然而，当伯灵顿北方公司“跨形式”货运团队构建时，成员对这个新型的商业概念不甚明了。火车和卡车司机彼此互不信任，因为在过去规范的市场环境中，他们进行过直接的竞争。维系这七人团队的是这样的信念：“跨形式”的货运可以带来巨大的效益。在80年代末，该举措将伯灵顿北方公司推上了行业领头人的地位，公司资产达数十亿美元。在此过程中它促使形成了一种新型行业。方法一再变化，但目标没有变。一位成员说：“对于这个团队来说，关键词是‘共享’。我们共享一切。我们共享的最大的东西是目标和一起联合制定的战略。那是我们每天工作的指导思想。那么，我们所做的一切是否有助于计划的实现呢？”

有效团队必须具备的东西并不仅仅是投入、能力和共同目标，它们只是创建团队必需的基本要素。

3. 团队是否获得成功的关键是如何管理……

3. 团队是否获得成功的关键是如何管理

最近几年，人们对工作场所的团队进行了详细的研究，结果是它们很成功，也很失败。它们能极大地提高效率，同时也会无效地运转。人们对团队是爱恨交加。

哈佛大学心理学教授 J. 理查德·哈克曼(J. Richard Hackman)认为，事实上，研究者发现工作团队的情况常常走极端。有些团队运作良好，而有些团队却很糟糕，很少有介于两者之间的。

可喜的是，人们对团队进行了深入的研究，而且许多公司成员在团队中工作了很多年。所有这些研究和经历使人们对成功团队和失败团队的区别有了全新的认识。最后得出的结论是，最重要的是如何管理团队，以及团队所在组织是否给予了团队必需的支持。

平衡职权

对团队绩效负有责任的经理们常常陷入以下两种

困境之一：有些经理人继续扮演着传统老板的角色，告诉团队成员该做什么和怎么做，而其他一些经理则认为自己袖手旁观就是授权给团队。这两种方法都不行。在最近的一份团队工作研究报告中，哈克曼写道：经理的工作是在自己和团队之间“保持一种职权的适度平衡”。

在实践中这意味着什么？一方面，经理人必须毫不含糊地、果断地说明团队的具体目标。这可以避免团队无效运转。哈克曼说：“为团队确定目标是授权，而不是夺权。”另一方面，实现目标需要采取什么方法，这应由团队自己负责。只有团队成员真正担负职责，决定如何实现目标，他们才能成为一支有战斗力的团队。

关于职权，人们从实践中还学到一点经验：团队成员可以自行其事的权限应随着时间的变化而变化。施乐公司依靠团队工作已有多年。隶属施乐公司全球客户服务中心的高绩效工作系统和知识管理部的经理汤姆·拉迪（Tom Ruddy）说：“我们鼓励（经理们）开始时慢慢来，不要放松职权。”“随着团队开始成长、壮大，并承担职责，要开始扩大授权范围。”拉迪认为，即使团队进展顺利，经理人也需要一直参与团队事务。“团队可以拥有许多决策权，但是还需要经理人经常关注团队的进展情况，并向成员指出团队下一步该怎么走。”

学习团队技能

团队成员必须接受有关团队工作的培训，这是因为成员常常需要在提高技能方面得到帮助，如倾听意见、与各种各样的人沟通和集中精力完成任务。这些是大家都知道的。但是公司直到后来才了解到，并且常常是异常艰难地了解到，通常的“先培训，后团队”的做法是没有成效的。

一个比较好的方法是，进行一个时期分技能的培训。拉迪说：“我们过去常常将团队成员带到室内，让他们接受集中的强化训练。”但是团队成员不知道需要学什么。现在，施乐公司延长了培训时间。例如，一段时间用于培养行为规范，接下来几个星期上岗工作，然后再进行一段旨在修正行为规范的培训。“它属于持续的培训，不是一下子将所有内容都灌输给他们。”

成功团队

——工作场所团队成功的秘诀是什么？

研究者和实践者认为有以下六个成功的因素

1. 一系列清晰的目标。它由管理方详细并清楚地加以说明。

2. 评估标准。它使成员能够对绩效进行评估，并将团队工作和重要商业指标联系起来。

3. 持续的培训。它不是一蹴而就。培训内容包括沟通能力、团队领导能力和其他能力。

4. 决策权。决策内容是如何实现团队目标。但是经理们也许要慢慢来，渐渐地扩大授权范围。

5. 基于团队的评估和奖励。它不是进行个人奖励。

6. 开放的公司文化。成员很容易得到与团队工作相关的具体信息，他们也很容易接触公司的高级管理层。

实践经验还表明，了解团队工作最佳的方法是在团队中工作几年。成员不仅需要学会新技能，他们还必须摒弃一些不合时宜的工作方法。琳达·萨瓦奇(Linda Savadge)是教育测试服务中心的事件协调人，在数个团队中工作过。她说："要在不同团队中工作数年后，带到团队中的等级概念才能够消失。"在施乐公司，一个团队的成员们意识到他们对经理的依赖太大，不得不采取果断行为。克鲁姆林(Crumrine)是客户服务中心的工程师。他说，"我们就告诉经理，不允许他来参加任何会议"，直到团队能依靠自身力量运转得更好为止。

目标和评估标准

研究者早就知道，任何成功团队都关注绩效。成功团队有一整套明确的目标和一致认可的实现目标的方法。而且，为了整个团队的绩效，成员们彼此负责。这些特点将真正的团队与传统的部门或工作单位区分开来。刊登在《哈佛商业评论》并被推崇为现代经典的一篇文章中，作者乔恩·G. 卡岑巴赫和道格拉斯·K. 史密斯说："团队是指这样一些人，他们技能互补，致力于一个共同目的、一套绩效目标，并采用一种可以彼此负责的方法。"

但是目标和职责需要一些评估标准，以便团队可以对工作进展情况进行评估。成功团队的标志之一就是成员能够了解这一点，并开始制定自己的评估标准。例如，克鲁姆林所在团队注意到绩效方面存在一些问题，于是制定了一些工作进展评估法，使他们每天都可以对工作进行评估。"我们不要等待（施乐）公司告诉我们进展如何，我们可以在一个月的任何时刻进行自我核查，看工作进展如何。"

关于绩效评估，人们最新的看法是，评估标准必须与商业目标结合起来，而不仅仅是可操作而已。团队不能仅仅追求更好地完成任务这个目标。它既需要关注任务是否及时完成，也要关注其商业回报，如消费者的满意度和忠诚度等。Eastman柯达公司照相机技术中心指导约翰·斯潘塞(John Spencer)说："团队需要了解自身工作的商业意义，以及如何能对其产生影响。"了解总的目标可以帮助成员理解多种的、有时可能是互为冲突的小目标，也可以帮助成员明白什么时候应该宣布胜利(或失败)，然后继续向下一个目标前进。"我们不害怕这样说，'我们要取消它'。"斯潘塞说。因为柯达公司的团队知道，取消什么的决定背后存在商业原因。他们能转而关注真正有(商业)意义的东西。

公司的支持

当团队开始流行时，许多公司组建了团队。然后很快地，它们又被遗忘了。从那以后，研究者和实践者了解到，团队的成功需要得到整个公司或商业单位的持续支持。这种支持也许包括整个组织内部的广泛的改革。例如，员工的入门指导和培训必须与团队工作结合起来。也许需要派经理人到团队中工作，以获得第一手与团队问题有关的经验。约瑟夫·里尔斯(Joseph Reres)是位于弗吉尼亚州大瀑布城的波托马克咨询公司(Potomac Consulting)的合伙人。他建议，公司可以成立"督导委员会"来督促和指导团队工作，并且确保经理人能帮助而非妨碍团队工作。

公司正开始竭力给予团队以其他形式的支持。当然，公司所有的一切并非都能取得良好效果。公司给予的支持主要体现在以下两个方面。

（1）评估和奖励。弗里茨·梅尔腾斯（Fritz Mehrtens）是加利福尼亚州欧文恩的一位领导能力顾问。“公司最难以意识到的事情之一是，如果构建了团队，他们就必须以团队为基础进行奖励。”他说，“公司上层会说，是的，我们每年都搞绩效评估，我们根据该评估发给个人奖金，给他们晋升职位，以及其他一切。这样做往往会毁了团队。这方面就是公司需要改变的支持框架的一个重要部分。”

（2）信息系统和信息通道。团队应该获得必要的信息，否则就不能运转。例如，IT 部门需要创建一些能提供与团队工作相关的具体数据系统。高级管理层必须随时准备给团队提供所需的任何其他信息。“也就是说，一位团队成员可以走进公司 CEO 的办公室，并说，‘听说你讲了一些情况，我需要了解更多这方面的情况。’”梅尔腾斯说，“公司需要培养一种开放的文化，一种允许团队成员根据自己的要求进行交流的文化。”

哈佛大学的哈克曼认为，从表面上看，“提高团队效率的条件很简单，而且似乎可以直接提供到位。”然而，团队成功的条件可能是曲折艰难的组织变化，它可能会威胁到公司内部一些强势人物的根基和利益。确实,为团队的成功创造必要条件是“激进的举动,而非渐进的行为”。

这并非是一个对以团队为主的组织不利的观点。以团队为主的组织能创造巨大的利润。这种观点只是要求人们认真对待团队,对它们进行有效的评价,尽可能地帮助它们获得成功。如果听之任之,团队就不会成功。

史蒂夫·巴斯
Steve Barth

4. 利用情商为团队增效

史蒂夫·巴斯

丹尼尔·戈尔曼(Daniel Goleman)是一位心理学家,也是罗格斯大学研究组织情商的负责人之一。他说:"团队是组织授权的基本单位,也是可以改变整个组织规范的基本单位。"公司很多方面取决于与团队的互动,因此它们不能忽视情感对团队绩效所起的作用,不能将情感问题看成是乱七八糟的令人头疼的小事而将它放在一边,直到最后不得不去"处理"。

在使他声名鹊起的两本书——《情商》(*Emotional Intelligence*)和《重要领导能力》(*Primal Leadership*)中,戈尔曼将情感描述为长期形成的信号系统,将情商描述为一种意识到情感并对它进行调控的能力。他认为,情商对个人绩效的贡献可高达70%,而认知能力和所学专业技术的贡献只占30%。

到目前为止,多数情商研究主要集中于一对一的人际关系。该领域研究前沿涉及利用情商原理提高团队效率的问题。并非所有团队都需要高情商的成员,但是对需要它的团队来说,什么也代替不了情商的作用。桑德拉·颖玲(Sandra Yingling)博士是希腊沃尔纳特人，常住加州，服务于 Hay 集团，是负责组织效率和领导能力培养实践的高级顾问。她说："情商并不仅仅指温情脉脉，它是以前所未有的方式开启效率和创造力的大门。"特别重要的是，有效团队必须了解如何运用与下国际象棋类似的情商："必须注意成员个人的情感，自己所在团队的情感，以及团队外部其他群体和个人的情感。"瓦妮莎·乌查·德鲁斯卡特(Vanessa Urch Druskat)和 B. 沃尔夫(B. Wolff)在"培养群体情商"一文中这样说。

从个人绩效到群体绩效

有些顾问认为，情商只比机敏略强一点。但是新罕布什尔州立大学心理学教授约翰· D. 迈耶(John D. Mayer)(研究情商的先驱人物)认为："它是指在情感范围内，围绕情感进行推理的能力。它是一种让情感触动认知系统以帮助我们更好地进行推理的能力。"情商并非天生，它是一种可以学习和提高的能力。凯特·坎农(Kate Cannon)原是一位领导能力培养方面的指导。她指出，美国快递公司中的财务顾问接受了由她主持的共计 12 个小时的培训。此后，这些顾问的情感能力提升了 15%，而他们的商业业绩提升了 18%。在那些接受了培训的销售经理人所在的区域，其销售成绩超过没有接受培训的经理人所在区域的11%。据估计，情商的提高为该公司带来了2亿美元的额外年销售额。

坎农的观点说明了培养高情商个体的重要性。但是由高情商个体构成的群体并不能成为一个高情商的团队。“所有人都认为，只要手下有一些聪明的、干劲十足的人，就可以高枕无忧了。”Case Western Reverse大学的助理教授德鲁斯卡特说，“但是一些最糟糕的团队里却拥有最出色的人。”

戈尔曼、理查德·博亚齐斯(Richard Boyatzis)和安妮·麦基(Annie Mckee)在他们合著的《重要领导能力》一书中认为，研究表明“群体决策的效果要优于由群体中哪怕是最聪明的个体进行决策的效果”。然而，当群体缺乏和睦或合作能力时，情况就另当别论了。在这些情况下，“即使群体是由优秀个体构成，它也会做出糟糕的决策”。

建立规范　奠定基础

团队情商并非仅仅是“每个成员的情商总和”，戈尔曼认为。“实际上它是指在团队出现的一个特点，即作为一个群体在一起时，人们显示出崭新的实力。”德鲁斯卡特认为，为了使团队释放出崭新的实力，首先需要具备以下三个要素。

(1) 信任。团队成员需要彼此互相关心,互相信任,互相支持。

(2) 群体身份。当团队成员将团队目标当成自己的目标时,就感到他们需要团队,团队也需要他们,而且觉得他们的工作值得做。

(3) 群体效能。团队成员需要深信,他们不仅可以完成任务,而且在一起工作比分开工作的效率要高。

这里的先后次序很重要。每个要素都建立在前一个要素的基础之上,其中信任就成为极为关键的要素。但是,不能想当然地认为人们一开始就能彼此开诚布公,以诚相待。只能通过缓慢的渐进的方式去营造充满信任的环境。例如,注意其他成员的情感反应,做决策时要考虑他们的感受。团队成员需要有机会互相了解,并在一起工作一段时间,使他们能在有限的接触中形成对彼此的看法。或许他们会对建立团队的理由表示怀疑,会怀疑有政治原因,或对额外的工作任务感到不满。为了消除成员的这些态度,有时需要一些能产生深远影响的不起眼的行动,而不是夸张的价值观方面的说教。德鲁斯卡特和沃尔夫写道:所谓群体情商,它常常更多地意味着"向一位不怎么爱说话的成员询问他的想法",而并不意味着深入探讨一些想法。它更多意味着"当团队成员产生冲突时,当团队中的紧张情绪没有表现出来时，人们对此有清楚的认识，这意味着成员彼此互相尊重”，而并不意味着“团队内没有紧张情绪，所有成员都皆大欢喜”。

坎农说：“团队遭遇的许多情感方面的挑战都是价值观方面的冲突。在这些冲突中，人们彼此互相评判，或一厢情愿地认为他人不该那样说或那样做。”那么，请你想一想国际团队中不同文化背景的成员们价值观的混杂情况。即使像诚实这样的一些基本概念，不同的文化背景也可能有完全不同的内涵。有时不同的视角也会导致挑战性局面的出现。例如，在多功能产品开发团队中，来自不同单位的代表可能会对产品功效、安全和成本给出不同的权重。在其他情况下，挑战局面出现的原因在于成员表达情感的态度。坎农提到美国快递公司一个团队的情况。由于缺乏自信，团队成员不敢表达自己的疑虑，不敢寻求帮助。她说：“如果人们不能将疑虑在团队中表达出来，很可能他们在掩盖什么不利的信息，如任务进展不顺等。而其后果是不能及时完成项目或不能实现目标。”

不要低估制约群体行为的不成文规范的力量。《重要领导能力——实现情商的潜力》(*Primal Leadership*：*Realizing the Power of Emotional Intelligence*)一书中的两个故事可以很好地说明这一点。

➢ 一位新领导突然被调到一家保险公司的一个缺

少活力的部门。她没有掌握该部门的情感现实，即该部门员工非常团结。那里每个人都反对她，于是部门绩效也就毫无起色。

➢“意见一致通常会使团队成员积极投入，干劲十足。”戈尔曼、博亚齐斯和麦基写道。但在一家保健公司的一个部门，其领导却把意见一致“用作挡箭牌，以此来拖延，甚至是取消一些决策，特别是一些使工作向新方向发展的决策”。结果，该部门人浮于事，效率低下。这里的教训是：有时虽然不成文的规范包含在令人称道的团队目标之中，但可能会出现意外情况。

领导的角色

将群体规范引入团队的可以是“指定的团队领导，非指定的团队领导，或大胆的成员，可以通过培训获得，或来自更大的组织文化”。德鲁斯卡特和沃尔夫这样认为。非指定团队领导或团队成员可以强化团队情商，其方式常常很微妙，例如某个人会指出团队如何“忽略了一个重要的视角或感受”。

然而，在许多情况下，将习以为常的规范提到桌面上或确立一些团队新规范的任务会落到指定领导头上。在 Hay 集团进行的一项研究表明，指定的团队领导可以通过某些方式创造“鼓励团队成员增加对团队投入的一些条件”。无论何时，只要团队成员对某个与团队目标相关的问题持不同看法，都鼓励他们说出来。不要因为一个成员不在场就让他所反对的提议得以通过。但是一旦团队已选定某行动方案，要坚持要求所有成员都给予支持，无论他们之前是否同意。

利用情商测试
改善团队绩效

新罕布什尔州立大学的心理学教授约翰·D. 迈耶说：“个人对自己情商的评估与他们真正的情商不太一致，这很常见。”这说明了为什么培养团队能力需要测试个人能力或绩效。但在寻找可以使用的具体测试法时，要认真研究各种备选方法。下列三种测试表明，每个方法测试的内容各不相同。

1. ECI-360 测试法，由心理学家丹尼尔·戈尔曼和 Hay 集团所创。此测试法将情商定义为能力和个性特征的结合。它考察了四个宽泛的领域：自我意识、自我管理、社交意识和人际关系管理。这些领域被分为 18 种不同的能力，其中包括自信、适应力、情感自我控制力以及激发他人和应对冲突的能力。

2. EQ-i 测试法，由以色列心理学家鲁文·巴尔翁（Reuven Bar-On）所创。此测试法也许是迄今为止规范性最强的一种。它也将情商定义为能力和个性特征的结合，但它与 ECI-360 测试法不同。例如，EQ-i 法测试应试者的压力承受度、解决问题能力、乐观程度和幸福程度。

3. 不久将发布的 MSCEIT 测试法只将情商定义为“一些思维能力”，迈耶和他的合作者彼得·萨洛维（Peter Salovey）和戴维·卡鲁索（David Caruso）在“情商和情感领导能力”（收录在《多种智力和领导能力》（*Multiple Intelligences and Leadership*）一书中）一文中提道。此测试考察了四个方面的能力：①区分真实和虚假情感表达的能力；②运用情感因素促进决策和解决问题过程的能力；③在诸多情感之中理解复杂关系的能力；④不必压抑消极情感就能解决情感问题的能力。

如何使用这些测试法呢？迈耶讲述了一位管理者的故事。他手下的团队成员不在他眼皮底下工作，虽然每个成员都说一切良好，但他发觉事情好像有点不对劲。这位管理者让所有成员都参加了 MSCEIT 测试。他发现一位成员的测试得分很低。结果发现，这位雇员绩效较差，但因为他与公司另一名管理者有某种关系，所以其他成员觉得不能说他。他们实际上是在包庇破坏团队者。测试帮助这位管理者诊断出团队毛病出在哪里。

指定的团队领导要在建立群体身份和群体效能方面发挥作用，这一点特别重要。在 Hay 集团所作的研究表明，如果指定的团队领导不能为团队指出清楚的目标，"就会出现领导真空，其他所有成员就会迫不及待地填补这个真空，将他们自己的重要事项和目标带到团队中来"。高绩效个体特别显著的特点是他们渴望有明确的目标和方向。在杰出的顶级团队中，"指定的团队领导为成员所提供的方向要比绩效一般和较差的团队提供得更清楚。"

高绩效个体
特别显著的特点是
他们渴望目标和方向。

应该如何为团队提供清晰的方向和目标呢？正如其他事物一样，风格至关重要。在"有效领导能力"（《哈佛商业评论》，2000 年 3～4 月）一文中，戈尔曼提到六种领导风格。在 Hay 集团所作的研究表明，杰出的团队或者偏好权威式领导风格，或者偏好民主式领导风格。权威式领导风格的特点是领导为团队确立愿景，而民主式领导风格的特点是领导允许成员"参与设计明晰的愿景"。放心不下式领导风格的特点是，领导总是为成员做表率，但他们常常觉得"被迫去拯救那些在挣扎的团队成员"。有趣的是，这种领导风格的得分不高，因为它使团队成员感到没有被授权。

提高团队在三个层次上的情商

要将创建高情商团队的任务看成是确立规范的过程。这些规范使团队成员能意识到某些情感的出现并对它们进行调控。这个过程应该在三个层次上进行。

➢ 在个人层次上，可以了解个人情感状况的行动包括：每次开会前先聊聊各人情况，对那些似乎有点仓促的决定提出质疑。为了调控个人情感，要制定基本规定来界定什么是错误行为，并找到一些能轻松指出错误行为的方法。德鲁斯卡特和沃尔夫写道，要认可团队成员的贡献，而且要保护他们，使他们免受攻击。

➢ 在团体层次上，要确认并讨论团队的情绪，将自己感觉到的团队出现的情绪讲出来。找到表达团队情绪的途径，并寻找缓解压力的有趣方法。要帮助创造一种积极的氛围，提醒团队成员重要的是团队目标和在过去他们是如何成功解决类似问题的。要将重点放到自己可以控制的事情上。

➢ 在跨边界层次的互动可能是最难的。德鲁斯卡特说，外部一些重要群体非常需要与团队进行互动，希望对方了解自身情感动态。因此，团队要安排时间与外部群体接触，明确这些群体有哪些需求，而满足这些需求可以帮助团队实现目标。要通过创造互动机会来加强团队与外界的联系。如果外部某群体对团队工作有至关重要的影响，就邀请他们来参加团队会议。要通过讨论公司文化和政治来获得对组织的了解。

当然，情商对某些团队比对另外一些团队更重要。与消费者接触程度高的团队更需要培养高情商技巧。对搞财务或从事 IT 工作的团队来说，这方面的需求不必很高，因为他们关注的是技术。迈耶说，对财务人员进行研究的初步结果表明，那些绩效评估得分高的人往往在情商测试中得分较低。对于这些团队而言，至少有一位成员具有高情商就可以了。

"有这样的说法，'我曾经很富有，也曾经很贫穷，让我告诉你，富有更好。'"迈耶说。"情商也是如此。为了自身的缘故而发展高情商是好事，但多数团队还未做好这方面的准备。"因此，要关注那些情商对绩效影响程度高的团队，并学会巧妙地运用情商原理。

5. 使团队具备创新能力的六个步骤 ……

吉姆·比奥洛斯

Jim Biolos

5. 使团队具备创新能力的六个步骤

吉姆·比奥洛斯

我们常常认为创造力是属于个人的事，孤独的天才常常在那里苦苦寻找良策。然而，随着团队的作用越来越大，商界在创新能力方面出现了两种情况。首先，团队可以提供解决商业问题的创新方法，它要比组织中任何个人所能提供的都更有新意。其次，团队不会自动获得创新力，必须培养这种能力。那么，如何培养呢？

为了寻找答案，哈佛商学院特雷莎·阿马比尔（Teresa Amabile）教授牵头对此进行了研究。该项研究开始探究工作群体或团队环境中有什么创造力和创新能力的明显特征。阿马比尔先设计了一个叫做KEYS的调查，即评估创新能力的环境。作为该研究项目的前期准备，阿马比尔对几个不同组织的经理人、团队领导和成员进行了交谈。交谈中，阿马比尔要求他们说出一些曾参与过的富有创意的成功项目，并谈谈是如何高质量地实施这些项目的。“所有的创新都始于富有创意的想法。”阿马比尔解释说，“新项目的成功实施，新产品的引进，或新服务的出现都取决于个人或团队的好点子，然后加以改进，使它超越最初的或不完善的想法。”

阿马比尔和她的同事发现，成功的富有创造性的项目团队应具备六个显著特征。团队管理者可以对这些方面加以鼓励，而不总是独自一人孤军奋战。可以将这些特征理解为行动步骤。其中有些会使人回想起旧式的、常规的、等级组织中的一些做法，但事实上，每个步骤都有它的微妙之处，稍微把握不慎，就容易出现问题。

表现出对团队的信心

如果仅仅用具有激发作用的口头演讲为团队打气，那肯定不够。团队成员指望你通过行动表现出对他们的信心。你可以为良好的团队行为做出表率（例如，看重个人对团队的贡献），并采取更具领导作用的行动（制定合适的总体目标，确定团队获得所需资源）。如果团队领导对团队没有足够的信心，团队会感觉到，其反应是减少对项目的热情。阿马比尔发现，这种消极态度一般意味着成员的好奇心和创造力减少。

确保团队成员彼此间有流畅和自如的沟通

要确保团队成员能完全表达出自己不同的观点，这样彼此的谈话就会非常舒畅。理想的情况是，虽然成员背景各不相同，技能也不一样，但他们彼此仍然充满信任，可以对各自的工作互相质疑，都乐意接受新的想法。

管理者的职责是确保项目团队的成员构成要适当。种族或性别的多样性虽然常常很有益，但多样性未必只意味着这两方面。它可以意味着将营销、财务和信息技术方面的人员召集到一起，让他们从各自的角度将不同观点完全表达出来。你也许听过(可能听过很多次)这种老的说法，“最好的想法来自最不寻常的地方”。富有创造力的团队也毫不例外。人们的观点和想法互为冲突，冲突地带看起来是不寻常，有时也是引起争议的地方。挑选团队成员时要注意，其中要有技能不同的人，思想概念不同的人，敢于对他人质疑的人。阿马比尔发现，如果团队成员都由同样背景的人组成，而且他们只习惯于彼此观点一致，团队创造力就不会得到极大提高。

确保赋予团队成员足够的职责

如果对团队工作控制过多，如具体决定需要做什么，什么时候做以及怎样做，团队就不会有富有创意的思考和行动。应该使每个团队成员都感到自己能放开手脚去为团队项目尽力。另一方面，赋予团队成员更多职责并不意味着将工作统统扔给他们而不进行指导。团队领导需要在这两种情况间进行平衡，达到平衡的主要表现是，团队成员就如何完成项目能彼此沟通，并寻求创新方法。

给团队提供各种合适的资源

要确保团队无后顾之忧。无后顾之忧是指人们可以就如何运用资源进行创造性思考，而不是为是否能得到资源而担心。情况往往是，项目领导显然不能肯定是否能得到所必需的资源，如人员、资金、设备、信息或其他，或者他们没有告知团队成员这些资源可以得到。如果在获得资源方面存在问题，可以让团队就这些问题进行讨论，以便能更好地决定团队最急需什么资源，而且能更好地将资源欠缺问题提交高级管理部门，要求获得这些资源。

确保每个团队成员的工作都具有挑战性

将项目简单布置给团队成员去做，仅仅这样还不够。他们需要有目标，有兴趣。阿马比尔发现，如果觉得自己的工作富有挑战性（当然指有限度的挑战），人们的创造力往往会高涨。如果任务太简单，或太难而根本不可能完成，创造力就会下降。所以，管理者需要再次在这两者之间进行平衡。使团队工作更具有挑战性的方法有：让成员互相学习；使他们承担全新职责；找机会让他们以全新方式与新群体一起分享他们的专业知识和技能。要让所有成员都充分拓展自己的能力极限，要求他们以全新方式考虑自己存在的价值。要注意观察，不要让他们超负荷工作。

调控压力

阿马比尔的研究结果表明，压力过大或过小都会压抑创造力。如果团队成员处于极端压力之下，或者生产目标很不现实，他们的创造力就会受到窒息。成员会抱怨说，工作太多，而时间太少，任务无法完成。

另一个极端情况是，如果团队成员在工作上吃不饱，或者没有完成期限，他们可能不会产生最佳想法和最强动力，他们甚至会分散注意力。一般情况下，团队领导常常为完成工作对成员施加压力。聪明的管理者会有选择地、适时地施加压力，不时地加以调控，并在关键时刻缓解压力。但是，不能随意施加压力。应该在紧急而且非常重要的情况下这样做。

这六个步骤看起来似乎很简单，但是正确地落实到位可能需要很长一段时间。阿马比尔的研究表明，富有创造力的团队氛围不可能一夜之间就形成，它需要数月时间。成功的管理者会在一段时间内逐步地、巧妙地、持续地将这些步骤落实到位。

要为营造团队工作环境和评估该环境而制定一些目标，而且要制定一个时间框架。到什么时间团队的沟通能做到更自如和顺畅呢？打算如何培养这种沟通氛围？如何才能知道团队已形成那种氛围？需要采取什么措施？

记住，你是在创建一种新型的文化。它需要时间和精力，但是如果做得好，你会为自己团队所拥有的创造力而备感自豪。

第二部分

解决团队冲突

没有团队能避免冲突，也不应该试图这样做。如果以有效的方式对冲突进行引导，那么存在的意见分歧和紧张气氛就可以使团队充满活力，从而产生预想不到的新理念，以及全新的解决问题的方法。

本部分为以下几方面提供指导：处理团队中的紧张气氛；鼓励团队成员公开地、建设性地表达不同意见；为有效解决意见分歧制定一些基本规则。本部分还包括一些防止"团队中期危机"的策略。"团队中期危机"是指发生在许多团队中的，成员在一起工作约一年后工作劲头跌落的情况。

1. 表明自己的想法 ……

洛伦·加里

Loren Gary

1. 表明自己的想法

洛伦·加里

去年，Campbell Soup公司的高级副总裁戴维·迈克奈尔（David MacNair）先生发觉，公司在新泽西分部的领导团队中存在一个问题。“这个领导团队形成了一种含而不露的类似地下仓库的行为。人们似乎感觉不到彼此互动的需求。”他说，“作为由个人组成的群体，我们的工作忙忙碌碌，按部就班，运转良好。但是我们就是不像团队那样运转。”

迈克奈尔认为，问题是“团队成员感到跟我交流比他们彼此互相交流更自如。他们相处得很好，但彼此互动完全是例行工作方面的。他们并不像高级领导团队那样，就资源的配备、人力资源的培养、预算的制定和沟通等这些共同的职责进行互动”。

处理冲突不是简单的人际问题，
它必须成为组织所具备的一种能力。

管理方面的文献在论及冲突时往往聚焦于公开的互相敌视的人际冲突。但是迈克奈尔在这里所描述的掩盖分歧的做法同样有害，也许这种做法甚至更为常见。如果领导不了解他们自己之间的意见分歧，不能去处理分歧，那么团队的其他人员都将为此付出代价。因此，了解团队的冲突来源和采取正确的处理方法值得引起特别注意。

其中，有三本书对这个问题进行了阐述。作者都认为避免冲突不仅完全不可能，而且你也不愿这样做。没有冲突，就没有意见分歧，也就不会有学习和创新。

即使如此，有两点还是很重要：要防止团队成员中掩盖着的分歧恶化为破坏性冲突；一旦冲突出现就要进行处理。了解冲突后，要最大限度地使它非个人化，并将它当作组织问题来对待，如规定团队成员意见相左时应该怎么办，这是非常有益的。然而，如果要在意见分歧时打破沉默不语的局面，你就应该冒点风险了。

抑制分歧带来的恶性循环

“处理冲突的策略有这样一个前提：你和某人意见不一致，而且你知道分歧在哪里。”哈佛商学院教授莱斯莉·A. 珀洛(Leslie A. Perlow)说，“然而，在许多事件中，人们甚至意识不到有分歧存在，因为他们抑制了他人的意见，同时也抑制了自己的意见。”

在《言不由衷——抑制冲突如何对人际关系和公

司造成损害……如何应对》(*When You Say Yes but Mean No: How Silencing Conflict Wrecks Relationships and Companies...and What You Can Do About It*)一书中,珀洛认为,抑制分歧有许多种形式。有时上司表示,下属的建议不受欢迎,这就抑制了下属的不同看法。但是我们有时也会抑制自己的不同看法,如当我们与老板、同事甚至自己的下属讨论问题时。珀洛指出,这样做可能出于最好的意愿。有时"人们抑制自己的看法,因为他们确认保持沉默是对自己、对各种关系、对公司最好的选择"。例如,某人不表达分歧也许是因为团队任务紧急,怕误了时间。

珀洛指出,当我们一厢情愿地认为没有分歧时,分歧不会就此消失。"相反,它使我们在处理各种关系时采取自我防御的态度,人们的关系很快就出现问题,团队充满不信任的氛围,人心惶惶。而这种情况又使我们所有的人在将来更可能对分歧保持沉默。"

这种情况可能会对组织造成这样的损害:人心涣散,创造力下降,学不到东西,决策不明智。1997年,对于一项进入汽车行业的总计为130亿美元的投资计划,三星公司的经理们没有表示质疑,因为该项目的倡导者是三星公司的总裁兼CEO李健熙(Kun-Hee Lee),他个性强硬,而且还是个汽车迷。当三星汽车投产一年后倒闭时,李健熙感到困惑,为什么当时没有人表达不同的意见。

为了防止类似错误，公司必须“用有益的开诚布公的沟通方式代替有害的抑制分歧的方式”。必须愿意大胆而真诚地公开表达不同看法，但同时要注意策略。表达不同看法的前提是，在此群体中你具有一定的地位和影响，而且这样做对群队工作和所涉及的各种关系都很重要。珀洛认为，开诚布公地表达分歧也是寻求相互理解的过程。在这方面领导的作用非常关键，他们要做出表率并鼓励他人也直言不讳，但是“每个人都有这个责任，即说话和倾听的方式不仅确保沟通清楚，而且也使他人很愿意有话直说”。

站在他人角度看问题

互相理解不仅有利于防止抑制分歧，还有助于公开领导团队中大量存在的隐含议程，并帮助经理们处理这些隐含议程。“需要创造一个空间，公共的或私人的空间，让人们谈论心中的不同看法。”德博拉·M. 科尔布（Deborah M. Kolb）说。科尔布是波士顿西蒙斯管理学院（The Simmons School of Management）的教授，也是《日常谈判——驾御谈判中的隐含议程》（*Everyday Negotiation: Navigating the Hidden Agendas in Bargaining*）一书的作者之一。她认为，首先要有所反应，表示愿意为解决冲突尽力。然后，“试着以欣赏的口吻进行交谈。在谈话中承认他人观点的合理性，让他说说是如何形成那个看法的”。

科尔布强调，这种方式超越了谈判文献中关于理解彼此视角的概念。“你不能凭空想像在某一点与他人意见不同，除非你了解分歧双方参与其中的具体情形。你事先不可能知道将会是怎样的情形，仅靠想像是无济于事的。你必须营造一个人们可以自由交谈的空间。也就是说，这是一个可以帮助你事先分析可能出现的分歧的策略：想出一些对方可能会为自己的立场或行为辩解的充分理由，不要想一个，试着想出五个。”

组 织 的 支 持

团队领导应积极地培养员工诸如倾听和反应之类的技巧。这些技巧可在冲突发生时使人们的交谈不被打断。但是，防止抑制分歧和处理冲突局面并不只是人际间的关系问题，它必须成为组织应具备的能力。霍华德·M.格特曼(Howard M. Guttman)在《当戈利亚特们发生冲突时——处理行政冲突以创立更具活力的组织》(*When Goliaths Clash：Managing Executive Conflict to Build a More Dynamic Organization*)一书中这样认为。对公司战略和主要经营目标讨论得越透彻，重大的意见分歧就越不太可能受到抑制。个人的职责也是如此。"让团队成员列出要做的工作和应负责的结果，"格特曼写道，"让他们描述他们认为其他成员会如何看待他们的工作，然后确认自己的看法与其他团队成员的看法间的差异。"

就如何在团队层次处理冲突而制定一些规定也很有益。例如，如果冲突在两人之间发生，不要求助于第三方予以解决。否则，这会使冲突扩大。不要积极寻求更多的人支持自己的观点，更不要在团队成员不在场时批评他们。

最重要的是不要将问题个人化。分歧受到抑制的背后常常是组织结构问题，而不是个人好恶的问题。"我意识到，允许团队成员首先跟我交流，"Campbell Soup 公司的迈克奈尔说，"我不经意地使他们避免了相互之间的冲突。"

2. 缓解团队紧张气氛 ……

吉姆·克林
Jim Kling

2. 缓解团队紧张气氛

吉姆·克林

上次推出新产品时，产品开发团队闹得一团糟。负责设计生产的德韦恩（Dwayne）与负责营销的劳拉（Laura）为确定何时将产品推向市场一直争论不休。当德韦恩坚持认为要增加产品开发预算以保证劳拉提出的完成期限时，负责财务的一位重要人物也搅了进来。接着，劳拉指责他破坏了整个新产品的项目。作为团队领导，你最终强迫各方达成了妥协。但德韦恩认为，作为一名工程师，他的能力受到了质疑，其后几个月他一直闷闷不乐。

现在，为新产品项目又需召集产品开发团队。你不能将德韦恩排除在外，因为他是你能找到的最好的工程师。那么该如何处理不可避免的冲突，使团队不至于四分五裂呢？

也许你会问自己，如何才能彻底避免冲突呢？然而这是个错误的问题，因为冲突不可避免。它可能是惟一最好的创造力之源。没有它，团队会变得毫无生气，好的想法将会萎缩和死亡。“正如小威廉·里格利（William Wrigley, Jr.）常说的那样，‘如果生意场上两个人的意见总是一致,那么其中一个人就是多余的,'"保罗·亨尼西(Paul Hennessey)说。亨尼西是加利福尼亚州拉克斯珀的一家名叫 Bay Group International 公司(提供咨询和组织培训)负责营销、研究和开发的执行副总经理。

应该这样问,如何处理冲突?如何从中找到最佳的解决办法?"从小到大,人们接受的都是这样的思想,即冲突是糟糕的,它令人感到不安,因此应该尽一切努力来避免冲突,"莫里斯· R. 谢克特曼(Morris R. Shechtman)说。他是谢克特曼集团(Shechtman Group)(在蒙大拿州的卡里斯贝尔)的总裁。"从高层的决策者开始都是这样认为的,他们是完美的避免冲突者。"

虽然在冲突即将爆发那一刻避开它似乎是上策,但这样做可能会引起雪球效应。例如,当劳拉坚持说产品必须在四月份贸易展销会之前准备好时,德韦恩马上就觉得这个时间要求太紧。但这时他选择了沉默,因为如果他提出异议,他的能力就会受到质疑。因此,德韦恩回到办公室,心里充满焦虑。到下一周开会时,劳拉又提到了贸易展销会。这时,德韦恩积压在心头的不快就发泄出来,对她说,贸易展销会并不重要,设计和生产新产品是一件很艰难的事。她到底是什么人,有权为设计和生产新产品的团队限定时间表。毫无疑问,会议不会取得什么效果。

制定一些基本规则

处理团队冲突的关键之一是事先确定一些基本规则。“以我的经验看，虽然有时例外，但混乱本来就不会带来什么好事，” Venture Coach Com 公司总裁斯蒂弗·罗宾斯(Stever Robbins) 说。相反，制定一些基本规则帮助人们应对分歧倒是个不错的主意。

最重要的规则是应公开处理冲突。“要给他们两个选择：直面冲突并处理冲突，或不去管它，” 格特曼发展策略股份有限公司(Guttman Development Strategies, Inc.)的指导霍华德·格特曼说，“可接受的选择只有这两种。必须禁止背后说三道四，以及发电子邮件进行攻击这些做法。”

换句话说，冲突出现马上就应得到处理。“一察觉到有什么不对劲，我马上将它提到桌面上，直接进行讨论，”谢克特曼说，“需要有一个充分反馈信息的环境，在这个环境里每个团队成员都有责任将心中疑虑和不快表达出来，”他说。

当反馈意见碰钉子后，不要总是用轻而易举的方法来消除冲突。“让紧张气氛保留一会儿，” 亨尼西说，“在工作中，最佳团队和其领导都能与紧张气氛‘共处一会儿’，并不断探讨有创意的各种选择。在这种情况下更可能出现富有创意的解决方法。”

要避免事态变得个人化，可以在开会时巧妙安排团队成员的座位，使他们聚焦于问题而非彼此。“将议程写在白板上，让团队成员围绕着白板坐成半圆形，这样他们就好像盟友一样，针对问题而非彼此，”罗宾斯建议。

每个人都是独立的个体，个性特征会对处理冲突的规则产生一些影响。杰夫·韦斯(Jeff Weiss)是总部设在马萨诸塞州剑桥的 Vantage Partners LLC 公司的合伙人。他建议说，团队一开始可以一起头脑风暴，设想一些最糟糕的情况以及应对这些情况的策略。他们应该问：“我们在一起工作会遇到什么样的噩梦般的情形？”常常出现的情况有：必要时应由谁快速拿主意，应付突发情况应遵循什么程序，以及如何在成员之间建立一般的信任。“然后我要求团队确定程序方面的基本规则。曾见过一些团队这样做，团队成员径直宣布他们将彼此信任。这种做法基本上没有效果。”

要就事论事

要使冲突有成效且非个人化，一个很好的方法是就事论事。“冲突发生的原因是，人们对相同现象的解释不同，或者所掌握的事实首先就不同，”罗宾斯说。

在《艰难的对话——如何讨论最重要的内容》(*Difficult Conversations*：*How to Discuss What Matters Most*)一书中，道格拉斯·斯通(Douglas Stone)、布鲁斯·巴顿(Bruce Patton)和希拉·赫恩(Sheila Heen)这三位作者认为有三种重要对话方式会对激烈的争论产生影响："发生什么了?"式对话、"感觉"式对话和"身份"式对话。这些内部对话会影响冲突的发展。要搞清楚发生了什么事。大多情况下人们自认为了解对方的立场。其实，不要继续想当然，而要将对方刚说过的话重新转述一下。仅仅这样做就可以消除误解，使对话另一方更乐意接受你的立场。

提供适当的时间和空间

如果冲突在背地里悄悄进行，这是最危险的。用电子邮件互相攻击或者在背后说三道四会逐渐削弱团队的整体工作能力。团队成员的性格会部分地决定这些行为的特征，但还是可以设法制止这些行为。

一些专家建议，要规定讨论问题的具体时间和地点。可以采用定期开会的方式，专门让人们抱怨和表达不满，或者还可以指定在某个特定房间进行。但是要注意，"可以说'三号房间是解决冲突的地方'。但是那样做一定要小心，因为如果人们进入此房间的目的同冲突不相干，他们也会无意识地进入冲突状态，”罗宾斯说。

如果团队成员个人之间比较了解，处理冲突就会更容易。为了促进团队成员之间的相互了解，团队领导可以让成员在工作之余搞聚会活动。但这并不意味着每个人都要参加公司野餐会。相反，罗宾斯说：“可以这样说，‘嘿，我们今天下午休息一下，去看场电影’。如果方法得当，这确实可以让人们彼此了解，互相适应。”

让团队成员互相适应的另一方法是，在每次会议前要求每人用三分钟的时间讲述自己个人和事业的最新动态。“这样做就在会议进入正题前强化了人际关系，就会对随后的沟通产生惊人的影响，”谢克特曼说。

最后一点，不要在决策前就让任何人将他自己的立场强加给他人。破坏性冲突的一个重要标志是要求他人表态，甚至在还不清楚是否真有必要决定某事之前。“在此问题上你和我立场一致，汤姆，是吧？”这种情况在团队会议或背后游说活动中很常见。但是，请求他人支持常常发生在备选方案还没有得到权衡，每个人还没有行使过发言权的时候。如果在每个人还未发表看法前某问题就被强行通过，不满情绪就会滋长。相反，要这样说，“让我们谈谈目前的情况，弄清楚大家的一致意见是什么”。

团队领导要以身作则

对于有效地处理冲突，团队成员的个性和团队制定的基本规则可以起到一定的作用。但还有一个重要因素，那就是团队领导的行为。

要进行彻底的自我披露

在争议和讨论时，团队成员应该表达自己所有的观点，要清楚解释为什么采取某个特定立场。这种做法应从上层人物开始。"效率最差的团队领导都不太透明，没有人对他们有任何了解，他们总是很神秘。"谢克特曼说，"为了让人们信任你，你必须是透明人。要获得反馈和处理冲突就必须敢冒风险，那首先得从自我披露开始。"

从失败中学习经验

如果团队出了问题，要将它看成是可以吸取教训的机会，而不是进行指责的时机。你的榜样会对团队成员产生影响，他们会跟着你做。"要鼓励人们探究失败的原因，并探讨下次可以做哪些改变。要使这个过程有建设性而不是消极地进行惩罚。如果你确立了一个旨在解决问题的思路，也就等于跟他们说，即使某人对而另一人错了，但实际上这只是一个学习过程。”罗宾斯说。

要做表率

“团队领导要多听，少说，其比例应该是9比1，”谢克特曼说。不要做决策者，要设法推进团队工作。如果真要开口说话，就重述成员的观点和立场，并且鼓励持不同看法的人也这样做。这样可以使人们发现一些想法或之间的差异，而这些差异有可能使分歧演变为个人冲突。

要调停个人矛盾

当团队成员之间的冲突演变成个人冲突时，就应该介入并进行调停。“如果团队为达成一个决议讨论了很长时间，作为团队领导我就可能会去推进这个过程。我会跟各方讨论是什么使得达成决议如此之难，我会为他们提供看待此问题的不同视角，”韦斯说。如果这些都不奏效，那么最佳选择是找调停人协调，此人也许来自另一部门，而且是跟最后讨论结果毫无利害关系的人。

格尔曼认为,真正的目标是团队自治。一旦团队成员学会了自己应对困境,他们就会高效率地解决冲突,而且分歧会摆在桌面上,而不是背后四处扩散。

老式的避免冲突法往往是将冲突藏到桌面下,但那已是过去的事情。"过去人们认为团队应该皆大欢喜,一团和气,"谢克特曼说。但新型的经济却有不同的要求。"团队成员应该彼此挑战,共同成长,要认为彼此都能伸能缩,有承受力。"

3. 处理团队冲突的技巧 ……

3. 处理团队冲突的技巧

对于人际冲突，虽然经理人很讨厌它，但是在当今时间紧迫、人员又不足的公司中人们又无法避免它。人际冲突必须得到处理。近期的研究提供了一些化解冲突的方法。如果有了应对那些难以应付的个性明显的人的策略，经理们在下次团队会议上就可以少些担心，多些自信。

避免针锋相对

经理人最常犯的一个错误，是在团队中对成员做出本质上属于破坏性行为的反应。如果弗雷德(Fred)对一个同事发火，你禁不住要对他大叫，“安静下来!”但这样只能使问题恶化，而且还纵容了弗雷德的行为，因为他得到了他想要的反应。相反，尽量以一种出人意料的方式做出反应：转换话题、语调或会议方向。

这样就会使弗雷德猝不及防，他也就不太可能再玩同样的花招。也可以对他心里的愤怒冷静地表示认可，然后要求他改变自己的行为。“我知道你对此很不安，弗雷德。但我认为，如果你能冷静下来我们就可以更好地解决问题。请坐下，不要再拍桌子，要冷静。”

寻找深层次原因

毋庸置疑，一个因行为不慎而被送去治疗的小孩只是一连串家庭不幸中的一个环节。同样，如果团队中的一位成员行为不当，要探究这是否可能意味着团队中存在深层次的问题。当然，也可能这位成员只是个冒失鬼。但是，理智的做法是，找出人们心情不爽的其他深层次的可能原因。

如果团队中的一位成员行为不当，
要探究这是否可能意味着
团队中存在深层次的问题。

让团队自负其责

负责团队工作的经理们很容易受到职权的诱惑，利用领导的个人权威将决策强加给团队。但是这样做需要格外谨慎。上层强加的决策往往不会像团队自己达成的决策那样得到更彻底、更持久的实施。首先，要给团队自己解决问题的机会。可以用需要实现的共同目标作为对团队进行指导的方向。

输掉一场战役，赢得整个战争

经理们必须在短期利益和长期需要之间达成平衡。在创建有效团队时这种平衡特别重要。当你为解决迫在眉睫的问题对行为不当的成员进行处理时，要权衡一下此人对实现团队长期目标有多重要。也许明智的做法是为了建立长期的团队实力和信任而忍受短期的痛苦。

如何满足那些喜欢炫耀的人

每个团队都有这种人，他们经常不停地讲话，并且一直吹嘘自己的成功。对付这种人的最佳方法是给他们所需要的东西。只要他一停下来喘气，就向这位令人讨厌的家伙表示恭维。然后，将注意力转移到其他人身上。“比尔(Bill)，你那个做法特别奏效；莉萨(Lisa)，你发现了什么成功的方法？”

如何让那些勤勉的海狸安静下来

这些团队成员使你想到小狗，他们总是很积极，总是急于讨好，最后正因为他们不起积极作用而讨人烦。对于这些好帮忙的人，最好的应对方法是表扬他们一直为团队所做的努力，然后转向其他人。“鲍勃(Bob)，你确实在这儿使了不少劲；简(Jane)，在这一点上你还可以给我们提出些什么想法呢?”

如何让唱反调的人闭嘴

那段时期你真想枪毙了这些家伙，每次团队进行头脑风暴他们都要打断，会议提出的所有建议他们都一一挑出毛病，而且所有备选方法他们都一律不赞成。惟一制止这种恼人行为方式的方法是向她提出挑战，叫她提出积极建议:“苏(Sue)，你已很清楚地表明，你认为这些想法不会有效。那你认为什么方法有效呢?”

如何对付小声哼哼唧唧的人

还记得上学时坐在教室后对老师所说的一切进行讽刺和挖苦的那个家伙吗？他的声音很小，老师一般听不到他讲些什么。对付这种人可以学聪明老师的做法："很抱歉，约翰，我没听到你的话。能重复一遍吗？我不想漏掉任何人的见解。"多数团队成员会支持你。他们能意识到这样小声哼哼唧唧对团队的破坏性影响，你制止这种行为他们会很高兴。

如何应付顽固不化的人

多数团队都有这样的人，他们就是不想事物有任何变化。如果他们的考虑确实有必要，那就必须认真对待。但有时，团队必须要动起来。这时，要给懒得动的人采取行动：将问题提交给高一级的主管（之前已跟关键人物就此事打过招呼），或者分派他一项他自己能单干的任务。

如何对付无过错但喜欢打岔的人

总有这样一些人，他们就是不断地提出无足轻重的问题、理由和需求。他们一直往岔道上走，与你走不到一条道上。这时需要果断一些，将过错揽到自己身上，并让对话重新步入正道。"很抱歉，埃德（Ed），我刚才肯定没把这个问题说清楚。我们现在真正谈论的是……"

碰到对顺利开展团队工作有破坏性的行为时，要对该行为所包含的深层次情感问题表示认可，同时要求停止这种行为。你会发现,处理合理的深层次问题可以一劳永逸地消除人们的异常行为。

马蒂森·克罗

Mattison Crowe

4. 消除团队成员的顾虑

马蒂森·克罗

当越来越多的公司或企业主要依靠团队来推进变化时，经理人必然需要更好地了解团队的动态。据研究表明，他们仍有许多东西要学。默瑟管理(Mercer Management)是一家咨询公司，它对179家公司进行了研究。结果表明，在广泛利用团队的公司中，有69%的公司打算在今后的三年里加大对团队的依赖程度。然而，179家公司中只有23家的团队被项目研究人员认定为具有优秀的跨功能团队。为什么有156家公司不能达到同样的效果呢？北卡罗来纳州立大学的保罗·马尔维(Paul Mulvey)教授、康涅狄格州立大学的约翰·韦加(John Veiga)教授和克拉克大学的普丽西拉·埃尔萨斯(Priscilla Elsass)教授所作的研究表明，至少存在一个可能的原因，即团队成员不能有效地表达分歧。

为什么顾虑重重

马尔维、韦加和埃尔萨斯与569位经理进行了探讨，以弄清是什么原因导致他们在决策过程和团队成员的交流中顾虑重重。下面是六个最常见的原因，根据出现的频率由高到低排序。

有专家在场

事实上，没有必要让一名专家在场，团队成员只需要知道那个人是谁就行了。如果团队成员感到在某问题上专家有很强的专业背景，那他们自然的反应很可能是让专家来为其代言。

不幸的是，他们这样做就忽略了这样一个事实，即使最好的专家也存有个人偏见，其结果是专家提供的解决方法可能有缺陷。

出现不得不将就的差劲办法

斯蒂芬·科维和其他研究者注意到"最好"的大敌是"好"。也就是说，虽然人们不费劲地就可以在好和差之间做出取舍，但是要他们区分最好和一般好却相当难。当讨论似乎一筹莫展时,团队可能会接受一个好像是有道理的解决方法,而不是探究其他的可能是更好的解决方法。

对自己的能力缺少自信

刚到团队的新人可能不熟悉团队一般会遇到哪类问题,因此他们就不太可能积极参与。但是不要认为老的成员肯定会积极参与。如果不给予适当的鼓励,即使是有经验的团队成员,也可能永远不具备团队需要的亮出自己观点的自信。

决策似乎不重要或无意义

如果团队成员觉得某问题同他们自己的工作几乎没有关联,他们就不太可能提出建议来促进团队的发展。这种情况会恶化到这样的地步:成员们仅仅关注跟自己议程直接相关的东西。会议效率提高了,但效果却下降了。

他人会施加压力,要求保持一致

达成一致并不总意味着实现完全的一致。然而,有时在决策过程早期就会出现要一致支持某个主意的压力。而且随着事情的快速发展，这种压力会渐渐加大。团队甚至会不明智地指定一位看门人或“确保毫无异议者”，他的职责是不让团队出现令人不安的想法和主意。

没有良好的决策氛围

在团队处于形成阶段，成员也许会获得这些信息，即其他人正经历挫折，受到冷落，或遭遇混乱。这些情况很自然，因为任务和职责还有待进一步界定。但有些团队成员可能会因这些混乱而限制自己的参与度。

应 对 措 施

那么，团队领导如何教会其他成员参与的艺术，或更重要的表达分歧的艺术呢？如何能在促进对话和有利于做出最佳决策的前提下使人们发表不同的看法呢？总的来说，要消除成员的这种看法：分歧是一种被动的反应，是看到别人对自己的想法做出的反应，然后将这种反应理解为是跟自己过不去。你面临的挑战是尽量使讨论成为主动的行为。从一开始就逐渐培养一种让人感到没有任何威胁的商讨氛围。最显而易见的方法是请人们发表看法，然后用赞扬或其他鼓励的方式对他们的看法表示认可。如果团队进行公开的讨论，弄清楚是什么使团队有效，是什么会阻碍团队，那也会很有益。但还有其他一些可以采用的不怎么显而易见的方法。

明确你和其他人为之努力的目标

“先要求成员明确他们的重要目标，”格拉斯哥商学院的高级讲师安杰伊·胡齐恩斯基(Andrzej Huczynski)说，“接下来，列出实现重要目标过程中已经完成的部分。然后根据所获信息找出两者之间的差距和不同。”如果人们没有共同的目标，讨论策略和方法就是在浪费时间。如果有必要，可以将目标写下来，但一定要确保着手行动之前这些目标是共有的，是得到认可的。在目标得到明晰的情况下，如果冲突升级，人们总可以依靠这个安全的共识平台。将目标写下来的另一好处是，给害羞的团队成员提供一个不用出声就可以表达自己想法的机会。

如何辨别团队是否存在危机

你怀疑团队成员没有说出重要隐情，但你拿不准。《阿比莱恩反论——如何达成一致》(*The Abilene Para-*

dox: Management of Agreement）一书的作者J. B. 哈维(J. B. Harvey)认为，如果下列情况在团队中盛行，那你的怀疑很可能是对的。

➢ 在组织中存在冲突。团队成员在处理冲突时感到沮丧、无力、不快。他们可能对讨论解决冲突的会议避之惟恐不及。情况甚至可能会发展到他们尽可能地远离办公室的地步，或者他们可能会寻找其他工作。

➢ 团队成员将出现的困境归咎于老板或其他群体。

➢ 一些朋友和同事构成的小圈子在休息或午餐期间谈论组织问题。他们对问题的原因和解决方法存在很大分歧。其中多数的谈论会这样开头："我们应该……"

➢ 当团队成员与外部群体一起开会讨论问题时，他们顾左右而言它，或用含糊的措辞陈述立场，甚至转变自己的立场来迎合他人的态度。

➢ 会后听到团队成员跟他们信任的同事这样诉说，会上他们没有将心里话说出来，但是他们确信，即使说出来，他们的看法和建议也不会被接受。

如果这些听上去像是多数时候发生在许多组织中的情况，那你的怀疑就对了。多数组织中的多数人并不是畅所欲言。

提供旨在调查的观点

《勇敢的追随者》(*The Courageous Follower*)一书的作者艾拉·沙莱夫(Ira Chaleff)建议,向团队成员提出了“我们会预料到的问题”。例如:

“我们对______重大事件如何做出反应?”

“它是否会跟我们在______方面的价值观发生冲突?”

“______会如何解释那一点?”

“我们如何回应______的指责?”

“股东可能要我们考虑哪些备选方案?”

“如果有人问,我们考虑了哪些其他选择以及为什么将它们舍弃,我们该怎样说?”

这样做的目的是让团队稍微转换一下视角,鼓励人们用批评的眼光去思考问题,并帮助团队避免习惯性的推诿。

假定自己是持异议者

假定自己是持异议者，然后提出相反的观点。此方法很有效，因为它使分歧脱离了个人的层面。一定要确保人们了解你所扮演的角色。你的目的是开启对话，质疑设想和结论，以期能提供不同的观点供他人讨论。毕竟，这才是团队力量的主要来源。

鼓励每个人都有备而来

在挑战团队想法之前，你和团队其他任何人都需要进行必要的准备，如收集支持性数据，与关键人物进行交谈，等等。如果有充足的信息和数据作为支撑，所提出的观点就可信，而团队的讨论就会更明智。

要优雅地接受最后结果

一定不要将争议看成是谁输谁赢的事情。这可能不是最后一次在团队成员之间出现意见分歧，你也不希望是。如果你树立了能圆满解决争议的威信，其他人就会向你靠拢。

5. 解决团队次年滑坡问题 ……

丽贝卡·M. 桑德斯
Rebecca M. Saunders

5. 解决团队次年滑坡问题

丽贝卡·M. 桑德斯

多数新成立的团队，如自我管理团队、跨功能团队等，开始都充满着活力，团队成员迫切要完成团队目标。他们早早来开会，准时完成布置的任务，为研究问题常常加班。一年或两年后，情况就不同了。现在，开会时他们姗姗来迟或不到会，开会期间思想开小差。即使团队事有所成，与第一年相比效果也差得很远。

对于专门研究团队的专家来说，这种情况很普遍。人们称之为"第二年的滑坡"，或者有时称为"团队中期危机"。令人庆幸的是这种情况可以避免，或者如果来不及避免，也可以进行扭转。于是，专家推荐了以下十项重要措施。

建立"团队支持"体系

贾卡琳·谢里顿(Jacalyn Sherriton)是企业管理开

发公司(Corporate Management Developers)的指导,也是《(企业文化/团队文化》(*Corporate culture/Team culture*)一书的作者之一。他指出,组织可能只是口头上看重雇员一起工作的价值,但没有在实际行动上提供很多支持。组织没有清楚地说明对团队的期待,没有认定和庆贺团队成功的计划,没有保持团队活力的措施。如果你所在公司的情形是这样的,不要绝望。可以通过在团队组成初期制定一些基本规则来解决这个问题。谢里顿说,规则可以涵盖这样一些方面,如对团队成员(包括团队领导)的岗位和职责进行轮换,宣布所取得的重要成绩,对个人努力进行奖励,制定可供团队评估其工作进展的评估标准。甚至还包括,如果跨功能团队成员认为团队已失去意义,他们可以以何种方式决定解散。谢里顿补充说:"团队常常因为无人叫停而一直存在下去。"

突出团队的进步

德博拉·哈林顿—麦金(Deborah Harrington-Mackin)是《保持团队运转——对工作团队进行评估和加油的一组工具》(*Keeping the Team Going: A Tool Kit to Review and Refuel Your Workplace Teams*)一书的作者。她说,管理层缺乏兴趣对团队可能是致命

的。成员不禁会这样问自己:"我们这样做是为什么?"她建议团队的发起人从一开始就扮演团队宣传员和拉拉队队长的角色,对外宣布团队所取得的成就,并定期参加团队会议以示支持。

管理层缺乏兴趣
对团队可能是致命的。

教会团队成员新技能

弗洛伦斯·斯通(Florence Stone)是《高价值经理——培养组织所需要的核心能力》(*The High-Value Manager: Developing the Core Competencies Your Organization Demands*)一书的作者之一。他说,提供额外培训机会可以给团队带来新活力。新联合汽车生产公司(New United Motor Manufacturing Inc.)是通用汽车(GM)和丰田(Toyota)合资的一家企业。该企业授权自我指导团队的成员相互培训,而且让团队自己决定培训新员工的最佳方法。它一度仅是通用汽车的一个部门,通用汽车的一位经理曾将它描述为"世界上最糟糕的工厂"。现在,它却被认为是一个范例,用来说明高绩效工作组织和彼此间合作的益处。负责团体关系和一般事务的经理迈克尔·

J. 达梅尔(Michael J. Damer)说:“如果要求团队以最佳方式培训成员而且对此负责,就可以确保他们获得成功。”

确定团队新目标

如果没有合适的目标,团队会发现他们手上的工作是关于公司上一年度的战略目标。为了避免出现这种情况,他们应该根据变化的组织目标来定期审视团队的任务和目标。赫尔曼·米勒(Herman Miller)是一位办公家具生产商。他曾对生产工人专门进行过“虚拟现实”战略的培训。雇员们从中了解到组织的需求,然后围绕新的组织战略创建团队。否则,团队可能就会像哈林顿—麦金所说的那样“停滞不前”。例如,她曾经研究过一个小儿科的护理团队。在团队进入第 18 个月时,人们大多失去了热情。这个团队在效率、预约和病儿护理方面已有了很大改善,但成员们现在要求得到新的更具挑战性的目标。如果情况真是这样,那新目标的制定取决于团队和它的发起者。

改善团队的进程和程序

斯通是一位管理问题的研究员和演说家。他说，时间长了，团队会议质量会下降，起初制定的规则也会被遗忘。会议在进行但没有议程，更多时候人们在闲聊而非谈论问题。如果会上只听到单调低沉的谈论而没有实质性的进展，团队成员就不太愿意参加会议。如果这就是问题的症结，那就应该回顾团队刚创立时所制定的规则。成员可能想要确认已有的基本规则，或者针对团队问题制定一些新规则。

轮　　岗

Picker International 公司生产保健设备，主要是用于 CAT 扫描的医用照影设备。“Picker 公司很多工作都依赖团队，”负责全面质量管理的经理乔治·W. 戈乔尔(George W. Gotschall)说，“然而，正是这种对团队过多的依赖导致团队成员失去活力，不堪重负。”团队是根据需要创建的。多数团队由五人组成，甚至更少，因此要求团队成员应投入相当多的时间。雇员们很快就学会了在团队中的工作，但时间久了，工作就变得单调，他们失去了兴趣。Picker 公司的解决办法是，用抽签的方法将所有任务在成员之间进行轮换。戈乔尔说："除了可以保持浓厚的兴趣和高昂的士气外，这种做法还起到为所有成员进行非正式证书培训的作用，并确保雇员在生产的各个环节或岗位得到培训。"

创建一种认真看待团队工作的文化

在 Chaparral Steel 公司，实行自我管理的团队自行决定完成任务需要什么材料和设备。"除了我们的雇员，没有谁更合适决定以何种最佳方式工作。"Dennis Beach 公司的管理人员这样说。它传达了一种使 Chaparral 的团队充满活力的态度。丹尼尔·E. 里克(Daniel E. Rick)是 Miller Brewing 公司特伦顿酿酒厂负责人力资源团队的一位经理。他认为，在特伦顿酿酒厂也采取这种管理方式。米勒(Miller)决定在整个酿酒厂组建自我管理团队，让团队负责从酿酒到分销的一些重要环节。雇员们知道团队在酿酒厂的运转中能发挥重要作用，因此积极性一直很高。

对团队成员付出的额外劳动给予奖励

无论是完成团队任务，还是仅仅是在正常工作之外参加一些会议，加入团队常常意味着要超时工作。考虑到一些额外的时间花在了工作上，成员期望在团队工作获得成功的前提下，特别是团队任务涉及经济收益的前提下，能得到经济形式的认可。如果他们在经济上得不到认可，那么在团队进入第二年或第三年时，他们就不太愿意继续这样超时工作了。相反，参与得到的奖励越多，成员就越可能乐于奉献。在摩托罗拉公司，团队可以自行决定是否予以成员业绩奖，他们甚至可以自行决定奖励金额。在摩托罗拉公司，业绩奖的发放标准开始是80%取决于个人因素，20%取决于团队因素。到后来该比例会发展到50%比50%。最高业绩奖由公司决定。

不能让团队成员松懈

刚创建的团队似乎很容易就能得到完成任务所需的信息。但是随着注意力转移到新出现的事情上，在机遇到来时，经理人会忘记提醒团队成员，在挑战来临时他们也会忘记发出警示。当成员得到对他们的行动计划产生影响的信息时,可能已经太迟了。他们开始怀疑组织是否对他们的工作感兴趣。如果这就是团队存在的问题,那么团队领导需要让高级经理作出承诺,确保信息的稳定流通。例如,赫尔曼·米勒(Herman Miller)公司每月举行一次例会,对业务情况进行讨论,为自我管理团队和跨功能团队提供公司发展状况的信息,如产品和服务质量、库存、建议、节约成本和其他方面的信息。

一点点新鲜血液
有时会产生神奇的效果。

引进外来人员激发团队活力

你可以让团队成员轮换岗位,你也可以轮换团队成员。有时,一点点新鲜血液就会产生神奇的效果。哈林顿·麦金是一名位于佛蒙特州本宁顿的新方向管理服务公司(New Directions Management Services)的团队管理顾问。她认为,团队领导可以引进外来人员以防团队活力突然减少。外来人员可以是高级经理人,甚至可以是消费者。事实上,有些团队可能让一位消费者代表加入团队。她说,激发团队新思维,使团队再次充满活力的另一方法是，与其他团队一起开会，或者是自己组织中的其他团队，或者是同类组织中的团队。

那么，最重要的是什么？那就是团队成员不会感到乏味、沮丧或气恼，而且可以采取某些措施使团队扭转第二年的滑坡问题或中期危机。当然，最好是首先防止它发生，方法是通过制定一些可以使团队一直保持活力的基本规则。

第三部分 多样化团队和虚拟团队的沟通管理

由于人口的增加和通讯技术的发展，在商界出现了越来越多的由几个年龄段成员构成的团队和虚拟团队。每一类团队都对经理人提出了特殊的挑战。

在本部分你将了解到，如何摸清楚不同年龄段成员的独特视角和动力来源，并为达到最佳效果而调整沟通和管理风格，这是非常重要的。本部分内容还就如何在虚拟团队中使成员强烈感到目标一致并共同投入提出了一些建议。这对于成员很少碰面或从未碰面的团队来说具有重要的指导作用。

1. 激发团队中不同年龄段成员的积极性……

戴维·斯托弗

David Stauffer

1. 激发团队中不同年龄段成员的积极性

戴维·斯托弗

1988年,演员汤姆·汉克斯(Tom Hanks)在电影《飞向未来》(*Big*)中扮演了一位名叫乔希·巴斯金(Josh Baskin)的小联盟队员。在影片中,他希望变为成人。在被赋予魔力后,他的愿望实现了。他很快成了一家玩具生产厂的高级经理,因为他保留了少年儿童所特有的思维和观点。

虽然《飞向未来》一片将工作场所中人们的代际差异过分地夸大了,令人难以置信,但此片表明,通过采用所有不同年龄段成员的看法和技能,组织可以从中受益。此片还表明,如果一代人贬低另一代人的思维模式和行为方式,那就会在群体中出现疑惑、怨恨和混乱。

例如,如果你出生于婴儿潮时期(大概在41～58岁),你也许认为X代人(大概在24～40岁)以自我为中心,而且非常懒惰。监管他们的工作就像驱赶一群猫一样容易。如果你属于X代人,你可能会认为婴儿潮出生的人沉着稳定、要求严格,但他们缺乏创意,不喜欢寻找乐趣,就如同道路上禁止通行的符号一样单调乏味。

如果你属于沉默的一代(大概59岁或者更老些),那么一想到这点你就会不寒而栗:就要退休了,而所在的组织要由婴儿潮出生的一代人、X代人或Y代人(大概23岁或更年轻)接管。为什么你会对此感到不寒而栗呢?因为这几代人的集合体缺少为共同事业而奋斗的自我牺牲精神和奉献精神,而正是这种精神才使得你所在的组织强大无比。

这种将人群以年代分类的做法可能有损于组织,其有害性比过去更甚,因为工作场所中不同年代的人正前所未有地混合到一起。

➢ 到法定退休年龄时,人们越来越倾向于留下来继续工作或再次进入工作场所。

➢ 在公司里,年轻人比过去更快地承担重要职责。

➢ 许多公司的等级权力组织结构让位于以团队为基础的组织结构,团队成员常常包含所有年龄段的人。

➢ 现在论资排辈的现象越来越少了。

"过去那种制度很简单,"布鲁斯·图尔甘(Bruce Tulgan)说。图尔甘是位于康涅狄格州纽黑文的就代际问题提供咨询的Rainmaker Thinking公司的CEO。

"过去年长者为部门负责人，年轻人按照负责人的吩咐去做。那种制度已经一去不复返了。"取而代之的是更加复杂的情况，如果经理人要有效地管理团队，就必须重视与年龄相关的问题。

对经理人来说，不同年龄段成员在一起工作的重要性不言而喻，就是能把各年龄段成员的动力来源以独特的方式结合起来。如果对这种独特的结合方式理解得越好，就越能调动他们的积极性，就越能使他们一起为团队的发展竭尽全力。

分析每代人的特点

每代人都形成了他们独特的动力源、特点和世界观，因为他们有共同的经历。只有沉默的一代人在成长岁月中经历了一些重大事件，其中包括经济大萧条和二战。婴儿潮出生的一代人经历了肯尼迪总统遇刺事件和越南战争，而对 X 代人影响最大的是爱滋病的蔓延和一些驾车枪击事件。

共同的经历不会使所有拥有这些经历的一代人都形成同样的态度，但它确实意味着相同年龄段的人在生活和事业中往往具有类似的看法。因此，经理人可能会受到误导，使用一种最常见的方法来思考如何激发年轻人。"我们就会考虑到自己像他们那样年轻时追求什么，”在丹佛经营一家代际问题咨询公司的克莱尔·雷恩斯(Claire Raines)说，“这样做没有任何效果，它将我们引入错误的方向。”作为经理，你自己的经历很重要，但是要知道，它基本上受到一些只有你这一代人才会经历的事件的影响。汉克·卡普(Hank Karp)是一位心理学家，他是汉普顿大学的管理学教授，也是《弥

经理们可能会
受到误导，
使用一种
最常见的方法来考虑
如何激发年轻人的积极性。

激发不同年龄段成员活力的因素

不能以同一方式激发两个人的最大积极性。但是某些激发因素往往对某年龄段的人有相同的作用。下面是《哈佛管理最新动态》杂志中专家一致认同的，关于激发不同年龄段人活力的具体方法。

沉默的一代(或老兵)：要正规，不要随便。例如，进行面对面的交流，通过电话直接交谈。不要采用电话留言、传真或电子邮件的方式，要使用传统的认可形式，如奖状、证书、与高层经理的合影。

婴儿潮出生的一代：为了实现明晰的目标，要制定清楚的行动步骤。用以人为本的措辞陈述具体目标和想要获得的结果。让他们感到自己的努力属于团队工作的一部分。激励士气的话对他们有益。要选择会受到广泛关注的认可方式，如公司内部简讯中的文章。

X 代人：告诉他们需要做什么工作，但是不要告诉他们如何做。给他们许多任务，但要让他们自行决定孰轻孰重。避免陈词滥调和讲话含糊不清。要经常提供坦率的反馈意见。激励士气的话可能不会有效。要让他们有娱乐的时间。可用额外休假的奖励方式对他们的工作表示认可。

Y 代人(或下一代人)：要给他们提供继续学习和获得技能的机会。要了解他们的个人目标，并让他们明白所接受的任务与个人目标如何一致。要强调事物积极性的一面，并要看到他们的闪光点。要更多地扮演指导教练的角色，而不是摆老板的架子。与他们沟通不要太正式，要随意。例如，通过电子邮件方式或在走廊或过道进行简短交谈。

合婴儿潮出生的人和 X 代人的代沟》(*Bridge the Boomers-Xers Gap*)一书的作者之一。在倡导代与代之间要相互理解时，他说："我的意思不是说一代人必须要采纳另一代人的价值观，也不是说一代人必须理

解另一代人的价值观。”他认为，只需认识到价值观的不同并允许它存在，彼此就可以和平相处，工作就会有成效。

例如，威斯康星州医科大学（在密尔沃基）整形外科室的教授兼主任戴维·L. 拉松（David L. Larson）和他的同事发现，住院医生的行为和态度使他们感到越来越不安。“如果我们有人叫一位住院医生做事，他或她会提出质疑或干脆不做，”拉松说，“我们感到相互之间的价值观不一样。有些住院医生直言不讳地告诉指导医生说，他们工作太辛苦，这使指导医生感到很沮丧。”

拉松请雷恩斯给他们进行有关代际差异的培训。当拉松对住院医生电话接诊的覆盖面作了小小的改动后，培训就有了成效。“当时他们的反应是一阵强烈的抗议。若在培训前，我会以铁腕手段使它得以强制推行。然而，我没有这样做，而是通知所有住院医生开会。我们讨论了具体的安排，并讨论了如何将这个安排公布于众。30 分钟后，他们说，‘很不错。’达成一致的这个安排跟我宣布的内容没有什么不同。但住院医生参与了讨论安排的全过程。”

满足每代人的愿望

在许多工作场所，不同年龄段成员的差异并不非常明显。雷恩斯说，这使人们甚至更难认识因年龄层次不同而导致的冲突。“当我们逐渐长大时，自己身上所具有的属于自己年龄层次的特点就会变得越来越无形，就如同我们呼吸的空气一样无形。因此，当我们参加工作并开始去管理别人时，我们往往并不认为‘他不适合团队工作’是与年龄层次有关的问题。但是情况却常常正是如此。”

婴儿潮出生的人有一种共同的价值观，即需要感到自己是团队的一部分，但是X代人和Y代人并不看重这个。这并不意味着无法激发X代人和Y代人的积极性。更准确地说，如果让他们独立行动而不是与团队一起努力，他们的积极性会更高。雷恩斯说，对在婴儿潮出生的人来说，团队工作更像是足球运动，其中每个成员都协同一致。对X代人来说，它更像是一场接力赛：“我将为此竭尽所能，问题是我在什么时间、什么地点这样做。”

人们常常倾向于将自己同龄人的价值观强加给别人，沃利·杜林(Wally Doolin)这样说。他是总部设在达拉斯的全国连锁饭店 La Madeleine French Bakery and Café 的CEO。“人们很容易这样想，‘为什么他们不像我们那样做?'我手下的一位总经理是一个地道的喜欢自己动手的婴儿潮出生的人。她告诉我说,'我就是弄不明白,这些人(年轻人)不愿意干我们要他们干的事。'" 后来,这位总经理告诉杜林,一个关于管理年轻

幻想破灭的婴儿潮出生的人

经理人会得到一些关于不同年龄段成员的激励因素的建议。在这些建议中,婴儿潮出生的人往往扮演老板的角色,而X代人常常为下属。这是有道理的,因为就目前他们的年龄层次而言,前者多数是老板,而后者多数是下属。然而,有约5800万婴儿潮出生的人在非文职机构性工作场所工作,占同类人的40%(Rainmaker Thinking公司的代际问题顾问提供),拥有最多人数的一代人中有数百万成员在干下属工作。

对于上司来说,这部分人特别难以管理,并不是因为许多上司比婴儿潮出生的下属更年轻,而是因为这些下属可能对自己的工作感到沮丧或感到幻想破灭。这种沮丧源于20世纪80年代末和90年代初的美国经济滑坡,贝弗利·戈德堡(Beverly Goldberg)这样认为。戈德堡是世纪基金公司的副总裁,也是《时代课题——美国公司应如何从劳动力老化的阴影中走出来》(*Age Works: What Corporate America Must do to*

Survive the Graying of the Workforce）一书的作者。她说："这些人感到被狠狠地抛弃了。"

心理学家汉克·卡普认为，在劳动大军中，幻想破灭的婴儿潮出生的人比对现状不满的X代人更常见，这并非由于前者数量多或他们经历坎坷，而是因为他们拥有一个明显的特点：对工作很忠诚。婴儿潮出生的人往往更感到有忠诚的义务，而这一点可能使他们能够忍受自己不开心的工作。此外，婴儿潮出生的人往往会出于经济原因和安全需要继续坚持工作。他的研究结果认为，如果一个典型的婴儿潮出生的人和一个典型的X代人都对工作感到不满，而且他们的经济条件相同，"X代人更可能会选择放弃，而婴儿潮出生的人更可能会坚持下去，"他说。

对于老板来说，要激发他们的积极性非常困难，许多公司的做法反而使婴儿潮出生的人的积极性受到挫伤。戈德堡说："公司常常不对他们进行培训，认为他们（婴儿潮出生的人）呆在公司的时间不会太久。这些被推到组织边缘的雇员周围笼罩着一种毫无生气的气氛。但是让他们得到培训和信息沟通很重要。"要让这些婴儿潮出生的人跟上形势，学会基本技能，如熟练使用网络。此外，还要采用戈德堡称之为"人类工程学"（研究人与机械的关系）的做法，如采用灵活的工作时间。例如，下雪天允许迟到，或者为避免天黑驾车，允许他们调整上班时间以便提早下班，或者必要时为雇员提供电脑以便他们在家中工作。

还可以让停滞不前的婴儿潮出生的人参加一些跟正常工作无关的特别委员会，如那些与制定应急计划或慈善活动有关的委员会。“这些活动能使他们感到自己在学新东西，在拓展自己，在为将来作准备，”戈德堡说。同时，对老年雇员所关注的两个主要问题做出反应会起到激发作用：在退休前我会赚到足够的钱吗？在退休后我能做些什么？

员工的研讨会使她颇为受益。“但是，对于她和其他总经理来说，可能需要不断地提高管理水平，因为他们的工作比以前要复杂得多，”他说。

“传统的激励方式对当今多数雇员并不奏效，”Rainmaker Thinking 公司的图尔甘说，“因此，管理工作更多的是一项经常要进行调整以保持高效率的工作。”意识到不同年龄段的人有不同价值观是杜林手下的总经理们跨出的第一步。几乎可以肯定的是，这一步也强化了他们的自我意识。“从与我同年代的人和其他年代的人身上，我了解到很多东西，”多明戈斯(Dominguez)说，“我曾想，‘难怪我们在这一点上很相像！’”

下一步理智的做法是将这种意识在团队里进行交流。雷恩斯认为，“经理们能采取的最佳方案是进行全员大讨论”，讨论的话题就是激励因素。“扁平的组织结构可能会更好地协调这种讨论，并更好地协调不同年龄段成员的不同激励因素，”康妮·富勒(Connie Fuller)说。富勒是《弥合婴儿潮出生的人和X代人的代沟》的作者之一，也是位于伊利诺伊州热那亚的卢森特技术公司(Lucent Technologies)负责生产部门的人力资源部经理。该公司生产辅助的AG通讯系统设备。

“然而，最重要的是不断地培训和发展，以及灵活地让人们尝试新角色，”她继续说，“当我谈论团队这些方面的情况时，年轻人点头表示赞许。他们对终生受雇不抱幻想。他们感到必须主动为自己打算。把设法激发这些人的积极性看成是激动人心的挑战的经理是最合格的经理。这些人不仅是指属于不同年代的人，也指具有其他所有差异的人。”

超越多样性

那么，经理人如何应对富勒所提及的所有差异——种族的、民族的、性别的和宗教的？“这就涉及你对待手下每个人的习惯方式，”图尔甘说，“对人的管理最终归结为一直在进行的两种对话：首先，我能为你做什么？第二，我需要你做这些。”鉴于不同年龄段成员的差异，以及其他形式的差异问题可以帮助经理人进行这两种对话。图尔甘指出，“我对不同年龄段成员的特点进行了大概的归纳”，就如同其他人对个人特征进行归纳一样，“这些归纳只是一个向导，一个镜头。透过该镜头你可以对人进行观察，可以更好地了解他们，更有效地跟他们一起工作。最成功的经理人知道该镜头存在局限性。他们会针对个体差异为雇员设计各不相同的职业道路”。

对雷恩斯来说，这意味着要摸清人们的性格特点，但不加以评判。“这就是要杜绝对人评头论足的倾向，”特拉·森德(Tera Sunder)说。她是效力于西雅图的Starbucks公司的负责为达拉斯分部招聘员工的经理，对此她也表示赞同。“我们都有偏向，”她说，“富有挑战的是，要认识到这一点，不要让偏向变成偏见。”她解释道：“一位上身穿宽松衬衣，下身穿宽松裤子的应聘者可能会这样想，‘我的外表很时髦，看起来效果会很好。’而你却这样想，‘他刚刚在想什么？’”这就是各人从各自视角看问题的原因。这种情况必须杜绝，以便人们更清楚地了解一个人的整体状况。

管理由几个年龄段成员构成的团队时，杜绝偏见有很大的益处，平等就业委员会(EEOC)的主席多明格斯就这样认为。“如果对不同年龄段成员的性格特点和独特之处有所了解，就减少了需要靠行政命令和强制手段解决问题的可能。而且还缓解了工作场所的紧张氛围，你就能更有效地同所有不同年龄段的人一起工作。创造持续辉煌的组织就是这样做的。”

2. 虚拟团队的管理艺术 ……

2. 虚拟团队的管理艺术

有时，直接陈述的行为方式就如同旧石器时代的原始人一样，因为从讲话方式来说，他们确实是这样。的确，我们都从最早期的人类文化中继承了所有有用的东西。但是，经理人常常疏忽对形成目前团队活力有影响的这些古代因素。这些古代因素对技术先进的因特网时代的团队，即虚拟团队也有影响。

杰西卡·利普纳克(Jessica Lipnack)和杰弗里·斯坦普斯(Jeffrey Stamps)是《虚拟团队》一书的作者，他们还是总部设在马萨诸塞州西牛顿的 Net Age 咨询公司的董事。他们认为，虚拟团队的出现标志着"人类在形成群体的能力上的一个明显飞跃"。网络技术可以让相距甚远的同事"跨过时间、空间和组织的界限，为共同目的而独立工作"。但是两位作者认为，这并不是虚拟团队最重要的方面。利普纳克说，事实上，正是古代人喜欢结成群体的原因才真正"使虚拟团队富有活力"。因此，了解这些原因，而不是先将技术设备准备到位，才是任何负责创建虚拟团队的经理人开展团队工作要走的第一步。

“有些公司在管理虚拟团队方面做得很好，而有些公司却很差，后者的数量也许是前者的20倍，”利普纳克继续说。那些在管理虚拟团队方面表现出众的公司非常关注三个互为关联的问题：目的、共同领导和交流。她列举的成功例子有Buckman Laboratories公司（在田纳西州的孟菲斯城）和Eastman Chemical公司（在田纳西州的金斯波特）。

虚拟团队的职责和框架

利普纳克认为，人们总是为实现具体目标才形成团体的。他们聚集到一起进行合作，并彼此分开专注某事。“回想人类早期的情景，你会发现人们常常以一小群家人为单位进行狩猎和聚会。这些群体就是最早的团队。许多季节变换后，一些这样的群体聚到一起形成了更大的以血源为纽带的大家族，他们共享盛宴。当食物匮乏时，他们又分成一个个小群体。”

现在，一个起主导作用的目标仍然是成功群体合作的基础。“团队的目的就是将虚拟成员维系在一起的宿营篝火，”利普纳克和斯坦普斯在书中这样写道。小罗杰·K. 莫温（Roger K. Mowen, Jr.）是Eastman Chemical公司的副总裁和首席信息官，他对此也表示赞同。“团队并不具有突然可以解决模糊的、棘手问题的能力,"他说。为了能正常运转,他们需要清晰的目标。

如何使虚拟团队获得强烈的目标感?利普纳克和斯坦普斯建议,在以下几方面的努力可达成一致。

愿景:"该愿景要切实可行,有驱动力,而且团队成员应对此有强烈的渴望";

使命:"它简要说明团队所做的事";

目标:它是把愿景和使命转化为"简单明了的切实可行的具体工作";

任务:它"具体说明团队成员所采取的行动"。

清晰的目标也有助于决定虚拟团队的理想人数和具体安排。但是,利普纳克认为,有趣的是,"我们很自然地以人类远古时候开始结成群体的人数来组织虚拟团队"。"典型的石器时代的家庭一般以四到六人为一个社会经济单位……。从远古时代开始,这些小的社会经济单位逐渐聚合成更大的团体,一般由四到六个家庭组成,最多为 25 人,"利普纳克说,"这时,人们不再可能围绕同一张桌子进行有意义的对话了。"

然而,对虚拟团队而言,理想的人数不受物理空间的限制。"人数的多少首先取决于任务的性质,然后取决于情况是否紧急或机会是否难得,"利普纳克和斯坦普斯写道。即便如此,他们相信"如果虚拟团队的人数超过 25 人,那么团队就会失去一种亲密感,而保持有意义的沟通就需要这种亲密感”。

虚拟团队的领导方式

利普纳克认为，在旧石器时代，人们将拥有的资源，即有关动物、天气和地理的知识以及获取食物和照看下一代的能力汇集到一起，其目的仅仅是为了生存。人们扮演“不同的角色，这些角色必须得到尊重，因为他们在完成任务中发挥了重要作用。任务不同，领头人也不同，因此自然而然地群体得到轮流执政”。

对人的问题不要敷衍，要重视

“技术设备是如何的好，这并不重要，”卡罗尔·维莱特(Carol Willett)说。维莱特是应用知识集团(Applied Knowledge Group)(在弗吉尼亚州的雷斯顿)负责培训的执行副总裁。“你不可能抗拒人类六百万年来形成的倾向。”建立虚拟团队时，至少要将人的因素放在同技术一样重要的位置上。维莱特建议，在团队中应对以下六个问题进行讨论。

1. 虚拟团队对我有何意义？

“我从未发现任何群体愿意合作，除非他们有充分的理由,"维莱特说。这里有一个建议,要求虚拟团队的成员来回答:对我来说,使我加入该团队的理由是什么?

2. 信任意味着什么?

"如果是面对面的交流,我们会根据一些细节对别人产生信任,面对面的交流提供的细节甚至比我们想像的还要多,"维莱特指出。或许是一次握手,或许是与对方的一次视力接触。"在虚拟环境中,在缺少其他信息的情况下,人们会认为对方有意使我们失望,因此就非常容易产生误解。"要尽力向虚拟团队的成员详细解释,对他们每个人而言信任意味着什么。例如,对有些人来说,"信任可能意味着,如果你给我发来电子邮件,并马上要什么东西,我会尽可能在三小时内将所需东西发给你,或者告诉你我不能办到的原因。"

3. 对彼此有什么期望?

"想想古代的部落,"维莱特建议,"我们天生就具有什么是领导、什么是医生的概念。同样,虚拟团队也有各种角色。某人可能负责推进团队讨论顺利进行,其他人也许负责向劲头松懈的成员提出速度问题。"然而,虚拟成员工作时有更强的独立性,"因此,彼此之间更可能发生冲突"。所以,重要的是从一开始就应明确谁扮演什么角色。也就是说,要明确谁负责处理他们之间出现的问题。

4. 如何分享信息?

这基本上是个沟通问题,不是技术问题。询问团队成员,他们喜欢团队用哪种方式进行沟通,是电子邮件、录音电话,还是视频商讨会,等等。然后就每个成员的偏好方式达成意向。

现在这种方式仍然适用。在旧石器时代,个人生存取决于群体的成功。就虚拟团队而言,个人的生存也许并不取决于它的成功。但是就一些公司和企业而言,它们的成功(如果不是生存的话)越来越取决于虚拟团队的绩效。

“多数虚拟团队有正式的指定领导,但这并不意味着不能轮流执政。”事实上,利普纳克和斯坦普斯认为,领导框架“作为一个整体,它包括一系列互相联系的领导角色和跟随者”。领导职责可分为下面两类。

任务领导负责“完成任务所需的专业知识、技能、活动和决策”。

社交领导的职责是处理成员为获得集体身份感、地位、吸引力和个人满足而进行互动过程中出现的问题。

虚拟团队的沟通和信任

虽然个人专业背景常常决定他在以任务为导向的

虚拟团队中的角色，但是经理人却忽视了社交领导的职责，特别是跟沟通和信任有关的问题，从而导致危机的出现。

"如果团队成员真正聚集到一起才能得到团队信息，那么，当新成员正式加入团队并全面参与团队工作时，整个团队都可以亲眼看到，"利普纳克和斯坦普斯写道。但是对于虚拟团队来说，虚拟团队的界线不是很分明，"新成员可以立刻获得整个团队的所有信息"，从而削弱了传统的社会交往方式。因此，为了树立集体荣誉感，包容性环境和大量的沟通就变得越来越重要。这使成员"感到他们可以参与，对于建立信任来说这些是必不可少的，而有了信任，彼此的关系也就变得更加牢固"。

虚拟团队的界线
不是很分明。

应用知识集团咨询公司的董事长鲍勃·巴克曼(Bob Buckman)指出，彼此信任会带来真正意义上的商业回报。"如果要主动地将知识在虚拟时空与彼此分享，一种充满信任的文化绝对必不可少。"Eastman Chemical公司的莫温也有同感。他指出，团队中更顺畅的沟通、参与和彼此理解，"是快速学到东西的基本条件，也是使学到的东西快速普及的基本条件。在这方面我们已做到了”。

成员被时空隔开的虚拟团队向我们这个时代提出了严峻的挑战，这一点显而易见。但是要应对这些挑战，并释放出虚拟团队与众不同的潜力，最好先考虑这几个问题：远古时代人类如何合作？为什么合作？其中起决定作用的是什么因素？

3. 虚拟团队管理艺术的重要经验 ……

查尔斯·沃德尔

Charles Wardell

3. 虚拟团队管理艺术的重要经验

查尔斯·沃德尔

公司能否抓住发展机遇，常常取决于它是否能快速让团队，一个由才华横溢的成员所构成的团队，在任何领域都能大显身手。这就使虚拟管理技能更加举足轻重。所谓虚拟管理技能是指管理由那些不在一起工作，不是你直接下属，甚至不属于你所在组织的人员所构成团队的能力。

到目前为止，很少有经理人了解这方面的情况。"如果有任何人已经对这方面的情况有所了解，我倒会感到吃惊，"汤姆·孔兹(Tom Kunz)说。孔兹是位于休斯顿的隶属壳牌石油公司(Shell Oil Co.)的网络学习和支持服务中心的指导。皇家荷兰壳牌公司(Royal Dutch Shell)是壳牌石油公司的总部，它在世界上有许多项目团队，其成员来自不同部门、不同公司(如合资企业的各方)和不同国家。

先走后跑

公司经常忘记这一点：不能有效管理常规团队的人也很可能应付不了虚拟团队。必须“首先能成功管理自己室内的团队”，比尔·汉森（Bill Hanson）认为。汉森以前是数字设备公司（Digital Equipment Corporation）负责生产的副总经理，现在是麻省理工大学为负责生产的领导所开设的课程项目的一名工业指导。任何团队的成功都意味着将团队成员放在最重要的位置。“经理人一直都在谈论对人进行管理，而事实上他们常常最终是对预算进行管理，”乔治·麦泰什（George Metes）说。麦泰什是一家位于新罕布什尔州曼彻斯特的虚拟学习系统公司的总经理。这是一家培训虚拟团队的公司。在这个技术盛行的时代，你反而需要比过去花更多的时间来对人进行管理。

点燃“胸中之火”

虚拟团队需要明确其承担的任务和目标，这是杰西卡·利普纳克和杰弗里·斯坦普斯在他们合著的《虚拟团队》（*Virtual Teams*）一书中提出的重要论点。《虚拟团队》一书向经理人说明，如何在地理位置分散的人们中间建立并保持有效的工作关系。利普纳克指出，失败的团队之所以失败，是因为他们缺少明确的目标。团队必须详细说明它要完成什么任务和如何完成任务。如果让所有团队成员都参与讨论，此过程会取得良好的效果。这就意味着大家应聚集到一起召开一个开工会。“在落实一个项目，而项目团队成员因地理位置分散时，你需要点燃所有团队成员的‘胸中之火’，”利普纳克说，“我们发现最成功的团队至少在初期碰一次面。”

要明确一切，不要想当然

在孔兹参与的前一个项目中，他与皇家荷兰壳牌公司进行了合作。他用“火车失事”描述该项目的结局。在休斯顿他所在团队的做法是，团队在项目上花的时间要作为支出入账。在伦敦的单位想当然地认为，这不是企业要给予的经济支持。“他们对我们的工作感到很高兴，”孔兹回忆说，“但是，当我们在项目最后阶段将五万英镑的账单交给他们时，他们却很不高兴。”

必须对所有想当然的东西进行明确，团队如何沟通，诸如“品质”这样的措辞实际上意味着什么，甚至就是时间表也要明确对每个人是否都具有同样的意义。虚拟学习系统公司的麦泰什最近参加了一个虚拟团队会议。该虚拟团队的一个软件产品装运时间延缓了。经过大量的讨论后，所有人在重新装运的日期上达成了一致。但是正当会议要结束时，一个苏格兰人发问，这是否意味着消费者在这天开始就可以买到该产品。一位感到惊讶的产品研发者回答，他只是同意在这一天对该软件产品进行第二次检测。“想当然真是害死人，”麦泰什说。

进行宏观沟通

一旦项目开始实施，项目经理必须防止成员互不交流。“你每天都需要与虚拟团队进行接触，”麻省理工学院的汉森说。那可能意味着发电子邮件，在项目网站上贴帖子、发传真或打电话。即使没有很迫切的需要，经理也还是应该鼓励团队成员彼此互相联系。相互熟悉可以增进信任，而如果人们彼此信任，工作效率必然会提高。

信任很重要，这是全球著名虚拟团队的研究结果。这个项目是由得克萨斯州立大学的西尔卡·耶尔文佩(Sirkka Jarvenpaa)教授牵头进行的一个跨年度的研究项目。在1997年的研究中，来自世界不同大学的老师和学生为一个软件开发项目进行了为期八周的合作，主要通过电子邮件进行沟通。耶尔文佩得出结论说，如果虚拟团队成员一开始没有进行面对面的聚会交流，他们至少应该交换旨在相互了解的信息。一开始有过面对面交流的虚拟团队在项目过程中会有更多的宏观沟通。他们定期讨论目标和时间表，互相帮助以实现目标和时间表上规定的任务，更快地发现消极怠工者，而且更可能地按时完成任务。

当然，电子邮件不是用来判断虚拟团队中人们是否具有较高信任度的惟一方法。经理人还应努力明确团队目标，并确保每个成员都了解其在虚拟团队中的作用。这就创造了一个团队成员可以建立工作关系的稳定氛围。这种关系越好，成员们共同完成的工作质量就越高。“如果只进行一项投资，那就投资于沟通交往领域，”利普纳克说。

寻找盟友

虚拟团队存在一个共同问题：成员常常同时为几个团队效力，因此你可能在和其他人争夺某成员的时间。“作为团队领导，你必须对此进行管理，”利普纳克说。他的意思是，你必须与该成员的其他经理结为盟友。肯·坎贝尔（Ken Campbell）是康涅狄格州里奇菲尔德的创世纪咨询公司(Genesis Consulting)的一名高级顾问,曾效力于数个虚拟团队。坎贝尔建议找一名"行政担保人"。假设你需要某公司法律部门(距离你有500英里远)提供一位研究人员为团队工作一天。你可能需要与其组织中一位职位足够高的人结成盟友,请他代表你向那个法律部门的主管提出要求帮助的请求。然而,要注意,盟友要处在较高的职位以确保所借人员真正投入到团队工作。"行政担保人必须乐意在夜间,或者有必要的话,在周末接听电话,"坎贝尔提示说,"而且他们必须愿意每隔一段时间将你的事置于他们的议程中。"

酬劳方式要有创意

在成员来自不同公司的团队中,酬劳很可能要与团队成功紧密结合。坎贝尔建议,既要以项目绩效也要以个人绩效为基础进行奖励。最重要的是,要准备好回答这个问题:"如果我准时而且提前出色地完成了自己的工作,可是项目还是失败了,我是否会得到奖励?"当然,酬劳方式不只局限于金钱,参与虚拟团队可能会给不同成员带来不同的益处。"成功研制出新产品会使企业成员受益,"汉森说,"但是如果团队里有来自大学的产品研发人员,情况会怎么样?他们将得到什么利益?”他建议,项目开始时让所有成员说明,他们希望从项目中得到什么。

警惕并学会处理冲突

不仅在常规团队,就是在虚拟团队冲突也在所难免。麦泰什建议要随时提防冲突,而且要不遗余力地防患于未然。如果有电子信箱,你每天都要检查一下,看看团队成员中是否存在分歧。如果有分歧,要亲自给他们打电话协调解决。“用自己的声音进行沟通比用电子邮件要好。”

电话交谈是发现潜在问题的好时机。“要带着敏感的耳朵进行电话交谈,向别人提问题时要表达准确,”创世纪咨询公司的副总经理哈尔·特拉高什(Hal Tragash)说。一位负担过重的成员会在电话中发出求救信号,但是对此你也许难以觉察。如果你没有破译出此信号,那就可能会在前进道路上碰到问题。“即使一个团队成员对某事表示赞同,你也必须摸清她是否有点勉强。可以这样问,‘此事没问题吧?’”

就大型的长期团队而言,可以考虑指定一位“巡视员”。和汉森一样,麦泰什在 20 世纪 80 年代也在数字设备公司工作过。为了完成一个有几个美国团队和欧洲团队为之效力的大型项目,他使用了一种穿梭外交的方法。也就是指定一名团队成员到各处倾听雇员的意见和牢骚。“我们让巡视员向德国人解释法国人正在做什么工作。”

总结经验　吸取教训

壳牌公司的孔兹开始对自己参与的团队情况进行了详细地分析。“我们试着将团队工作的全貌呈现出来，以便让个体看到他们细部工作的价值所在，”他说。这样做的目的是，团队下一项工作能取得更好的绩效。这种从经验中吸取教训的做法对石油工业特别重要，因为大部分工作，如架设钻井台和输油管道等，都是重复性的。但是，无论属于什么产业，虚拟团队的工作人员都需要了解自己的工作在整体目标中的重要性。

事实上，如果效果好，在创建和管理虚拟团队的过程中人们一直可以学到许多经验。这些经验是实实在在的，麦泰什发现该过程中所需的沟通和策划技巧可以在完成其他任务中发挥作用。“一旦人们经历了虚拟团队中的一切，他们在以后的工作中就会更好地配合。”

第四部分

酬劳和奖励团队

如果优秀的业绩得不到奖励，即使最积极能干的团队也不可能长久保持高绩效。但是，正如团队管理的其他方面一样，奖励体系也要有创意。最佳奖励体系是将现金奖励和非现金奖励结合起来，将团队目标和集体成就联系起来。

有效的酬劳体系也反映了所讨论的团队种类。本部分的文章探讨了如何使酬劳方式适应三种团队的类型，同时还就现金奖励和非现金奖励的多种形式提出了一些建议。

1. 如何酬劳团队 ……

洛伦·加里

Loren Gary

1. 如何酬劳团队

洛伦·加里

足球如此，商界也是一样，在这些日子，一切都是"团队、团队、团队"。人们动辄求助于团队解决世间一切管理问题：改善质量，将营销目标与新产品设计结合起来，减少产品开发周期，减少员工的缺勤率和跳槽率，控制成本，引进人才，以及其他更多的问题。

那些坐着空想未来的幸运者认为，我们迷恋团队，因为这标志着组织发展到了一个关键阶段。他们说，到下个世纪，公司将由一系列独立的迷你团体构成，这些小型团体将是跨功能的、跨权力等级的、独立的，而且是"网络化的"。但那是将来的事。与传统形式相比，团队形式是很先进的做法。目前，一些公司正开始着手解决如何酬劳团队员工的问题。

从理论上说，新团队应将其工作绩效与公司目标结合起来。研究表明，"如果希望人们像团队一样合作，就必须将他们作为一个团队对待，"在南加州大学马歇尔(Marshall)商学院有效组织研究中心的主任爱德华·E. 劳勒(Edward E. Lawler III)这样说。但是正如负责酬劳的经理们所发现的那样，制定团队酬劳标准比较困难，因为现有的酬劳体系并不是为在组织内实实在在工作的团队而制定的。同那些雇员一直只向同一经理负责的传统工作群体不一样，真正的团队成员之间应相互依赖或彼此负责，他们为共同的产品与共同的进程和/或目标而在一起工作，而且这些团队的成员不必来自同一组织。

让专家制定一个酬劳公司中团队的“放之四海而皆准”的方案也非常难，因为不同公司的酬劳体系各不相同。多数公司都使用某种激励性的酬劳方式。史蒂文·格罗斯(Steven Gross)是泽西城的 Hay 集团副总裁兼执行董事，也是《酬劳团队》(*Compensation for Teams*)一书的作者。他认为，就个人底薪酬劳方式而言，某些体系比另外一些体系对团队更有益。

以技能为基础的
薪酬体系能使团队工作进展顺利。

就酬劳团队来说，最常用的薪酬体系现在已不太合适。它是以工作性质定薪酬，量化了雇员掌握某一特殊专业技能的宽度和深度。以工作性质定薪酬的最著名的是 Hay 体系，它是以发明人内德·海(Ned Hay)的名字命名的。他是一名政府工作人员，在第二次世界大战期间发明了该体系。

直到20世纪80年代，Hay体系一直是世界范围内一些组织对其成员进行酬劳的标准。目前，组织规模度小，技术作为竞争手段被广泛应用，全球竞争趋势愈演愈烈，所有这些都迫使公司采取新办法以实现公司目标。在过去的几十年中，以技能定薪酬的酬劳体系已受到组织的偏爱，它正快速代替以工作性质定薪酬的酬劳体系。

虽然以技能定薪酬的酬劳体系大概等同于以知识或能力定薪酬的酬劳体系，但前者是根据雇员所具备的技能或可以从事的工种数量定薪酬。这个酬劳体系鼓励员工不断更新和获得一些新技能，因为它们对组织的存在和在未来保持竞争力都至关重要，而且在残酷的竞争中是组织致胜的法宝。

一些酬劳专家相信，对于广泛利用团队形式的组织来说，以技能定薪酬的酬劳体系可能最为合适，因为它是对造就成功团队的态度和行为进行奖励。1993年，南加州大学的劳勒、小杰拉尔德·E. 莱德福(Gerald E. Ledford, Jr.)和雷昌(Lei Chang)在他们合著的《酬劳和利益》(*Compensation and Benefits*)一书中写道，以技能定薪酬的酬劳体系促进了“岗位轮转和跨技能培训，它对自我管理的团队来说是必不可少的”。

不同的团队类型和酬劳法

由于目前形势需要组织内形成各种不同的团队，这就使酬劳问题变得更加复杂。专家认为，不同的团队应采用不同的酬劳法。埃德劳勒(Ed Lawler)和南加州大学商学院教授苏珊·科昂(Susan Cohen)把团队分为以下三类。

➢ 与正常组织结构平行的团队。它们常常需要解决一些问题，或完成旨在提高质量的工作(据研究表明，《福布斯》统计的1000家公司中有85%依靠平行团队)。

➢ 项目团队，如新产品开发团队或信息系统团队。它将不同知识领域的人员集合在一起，为完成规定时间内一定要完成的而且相对来说持续时间较长的项目而工作(团队成员完全投入，一直到项目完成和团队解散)。

➢ 工作团队，是指成员本身在一起工作的、自我管理的、成员彼此依赖的单位。它们或是生产某个产品，或提供某种服务(这些团队也称过程团队，其成员完全投入团队工作，而且成员身份长期不变)。

传统酬劳法将薪酬与工作性质或个人一一对应，

它遇到的问题在于，酬劳体系既要奖励群体绩效，也要奖励团队成员个体。有效的酬劳策略既体现现有奖励体系的特点，也要考虑团队的具体类型。

酬劳平行团队

因为平行团队附属于组织，因此劳勒和科昂建议用追加奖励体系的办法来酬劳平行团队的成员，如收益分成法。此法量化降低成本所获得的收益或其他收益，再套用事先定好的公式在团队成员中进行收益分成。利润分成以季度或年度为单位分配，而收益分成可以更快地生效。但是，随着降低成本建议提出后时间的发展，收益分成的激励价值会逐步减少。

对不同类别的团队
进行不同方式的酬劳。

这里有一个或者说三个注意事项，为了让团队建议被采纳或得以实施，有时可能需要非团队成员的帮助。要考虑给予这样的非团队成员以某种酬劳。在节约成本计划实现前先不要奖励，除非你要奖励的是人们的努力而不是成绩。最后要注意，对平行团队的奖励不要在雇员正常职责和他们兼职的平行团队任务之间造成冲突。例如，如果雇员不参加为本职工作必须参加的会议，而去参加对提出新方法有奖励的降低成本的会议，这样做就会产生不好的效果(格罗斯建议，对于正常的本职工作可以给予鼓励奖和表现优异奖，对于在平行团队的工作可以给予绩效奖)。

至于平行团队成员的底薪如何构成，以技能定薪酬的方法可能是合理的选择，因为它鼓励成员学习解决问题的新方法和分析问题的能力，但是一定要进行成本和利润分析。如果花钱让雇员学习的技能在一周内只能为平行团队用上几个小时，那就可能是浪费。劳勒和科昂建议，在这种情况下可以用工作性质定薪酬。

酬劳项目团队

无须对公司现有薪酬体系进行更改，平行团队常常就可以以理想的状态运转。建议被采纳也许是对平行团队最好的奖励。然而，项目团队要求制定特别的酬劳方案，因为它常常能创造新的东西。但是创新的产品或服务的价值也许在几年之后，也就是当有关市场份额和顾客满意度方面的数据得到后才会见分晓。

传统的酬劳体系是以年度为单位对绩效进行评估和奖励，但是酬劳项目团队应紧紧结合团队任务而定

对团队的激励

在为团队设计酬劳体系时，要记住：

仅仅以技能定薪酬可能不会实现团队的目标。

可以追溯到20世纪20～30年代关于西方电器公司（Western Electric）所属的霍索恩工厂的文献记录，它表明激励性的酬劳体系可以提高生产效率。

奖励不是绩效管理体系中最重要的因素。

更重要的是确定团队目标，并确立一些评估和调整团队行为的机制。这些是使团队有效运转的重要驱动力。正如南加州大学的科昂所说："奖励应该是事后的产物，而不应该是主导因素。"

用于激励的奖金必须发挥真正的作用。

奖励金额至少应达到一个月的薪酬量，至少1000美元才会引起流水线上工作人员的注意。马克·奇尔德斯（Mark Childers）是一位负责人力资源的高级副主任，他说："一个管理团队所获得的激励性奖金占全部薪酬的40%，这并非异乎寻常，这些奖励取决于团队目标的实现情况。"

要确保酬劳体系将团队集体目标放在首位。

在该体系框架内，要大胆提名并奖励一位"最有价值的球员"，前提是评估方法明晰。

要将奖励与团队任务价值对应起来。

如果圆满完成的任务对公司具有永久性的价值，那就用提高薪酬这一激励法。如果团队完成任务的价值是一次性的，那就一次性地给予现金奖励。

要使团队发挥最佳效率，就从单位或公司的目标出发来进行奖励。

这就杜绝了以牺牲单位或公司整体利益去赢得团队奖励的做法。

（如果在落实项目的过程中团队成员有所变动，也要在酬劳方面进行调整）。这是因为在短期内很难判断一个项目团队运转是否有效，所以以收益分成或根据集体绩效进行酬劳也许有道理。以集体绩效进行酬劳的体系不仅包括团队，还涉及团队所在的更大的组织单位。这些酬劳法在下列情况下很有必要，团队工作对整个单位的有效运转产生了影响，或团队项目周期过长，人们很难对绩效进行衡量并对其奖励（因为结果要很久以后才会出来）。

虽然操作起来比较麻烦，但是项目团队的某些特定成员应该因个人贡献突出而得到奖励。例如，一些生物技术公司为高绩效成员（约占总雇员的10%）制定了称作“水上行（walk on water）”的奖励法。

公司可能会在项目最后阶段这样评估个人贡献：

先收集来自同行或消费者的满意度，然后将满意度分值与公司对整个项目的成功度评估结合起来。经理们喜欢行使职权，对同行和消费者的打分进行逐一修改，但这样做可能会起反作用。太多的修改也许会使酬劳体系看上去是为雇员服务的。

相反，要详细了解团队成员的看法。即使项目团队成员各不相同，他们也常常很适合相互评估彼此绩效。如果团队是成熟的，在为彼此打分时，即使一位成员的贡献被看成是另一位的十倍，他们往往也还是客观公正的。在这种情况下，某些公司会以薪酬的某个固定百分比作为奖金，而不是每个团队成员的奖金都一样。Champion International 是一家位于康涅狄格州斯坦福的专业造纸公司，它独创了一种规范的奖励体系。该体系计算团队奖励时以中等薪酬为标准，雇员的业绩按照一到五个等级打分，最低等级（什么目标都未完成）得不到奖金，最高等级（完成所有目标）会得到相当于中等薪酬 34％的奖金。在 Champion International 公司，基于公司总体绩效的一些激励措施还会使奖金额度得到进一步提高。

酬劳工作团队

对于常设性质的工作团队，特定的团队激励法常常最有效，因为这样的团队成员彼此依赖性都很强。例如，在一个高度自动化炼油厂的制造团队，个人的工作可能会影响其他所有人的工作，而且个人的贡献也很难确认。在工作团队中，团队目标应该得到清楚的界定，而且信息反馈系统和评估措施应当由公司加以清楚说明。

对表现优秀者给予奖励（以提薪或发奖金形式）和实行收益分成法可能是奖励工作团队的有效方法。公司可能希望给予不同团队成员以不同的奖励。重要的是要对制定的酬劳体系不定期地进行评估和检查，使它不至于有损团队的合作和努力。

劳勒和科昂相信，收益分成法“非常适合需要成员都参与的工作团队……它为工作团队提供了动力，使团队关注自己的绩效，并了解提高绩效的最佳方法”。从 1995 年开始，Champion International 引入了一种基于效率基础上的全员收益分成奖励法。该奖励法取得了积极效果，为此公司在内部大力推行这种奖励法，现在 Champion International 的所有厂家有一半实行收益分成法。

然而，在有些情况下，收益分成法可能会产生不好的效果，导致科昂所谓的“团队的次理想化”。例如，一家保险公司有一个地域性的处理投诉的团队，该团队实行的奖励法却阻碍了它跟其他地域的工作团队的合作，损害了公司的总体绩效。“在这种情况下，”劳勒说,"真正的问题不在于是否奖励团队,而是奖励个别团队还是奖励一组团队。"为防止这种次理想化,劳勒建议使用针对总体组织目标的奖励。这样,不同的工作团队都会积极合作。

团队和沼泽

为团队绩效制定酬劳标准是一项错综复杂而辛苦的工作。对于这方面的工作,最好的忠告是,不要一味地按照条条杠杠依样画葫芦。相反,要针对特殊团队的特殊需要进行调整。否则,人们就不会高兴地欢呼"团队、团队、团队",而是不满地嘟哝"沼泽、沼泽、沼泽"。创新方法会使公司和公司的团队受益,人们会大声地为团队加油:"前进,团队,前进!"

2. 如何奖励项目团队 ……

2. 如何奖励项目团队

现在项目团队满天飞，而且公司越来越依靠它。如果团队成员除了项目团队工作外还有自己正常的工作，或者因为某种原因，团队成员的工作压力非常大，例如必须在晚上或在周末加班才能按时完成任务，这时经理自然而然地会想办法酬劳或奖励团队成员。

但这不是一件容易的事。给他们发奖金？进行现金奖励时，如果弄得不好，它既会使人们热情高涨，同样也会引起人们的不满。可是，诸如发奖状、搞庆贺、送礼物之类的非现金奖励可能听起来又比较空洞。"这对某些人能起到激励作用，但对其他一些人却毫无意义，"西步森公司(Sibson & Co.)的洛杉矶办事处主任格里·莱德福(Gerry Ledford)说。

事实上，没有十全十美的酬劳方案。但是研究酬劳的专家们为酬劳项目团队提供了一些建议，这些建议可以帮助实现利润最大化，并最大限度地减少不利因素。

酬　金

酬金额度要足够大

为了发挥作用，酬金的额度要大到足够使团队成员发生兴趣。阿姆斯特朗(Armstrong)是休斯电器公司(Hughes Electronics)的前 CEO。几年前他负责的沙特阿拉伯防空系统准时完工时，他用 2000 万美元酬金在 900 名项目工程师中间进行分配。也许你不能像阿姆斯特朗那样，但是如果你不能付足够的酬金，就选择非现金奖励。如果用 500 美元的支票来酬谢两个月的辛劳，此举可能会被看成是一种侮辱，而不是酬谢。

将酬金与可衡量的成绩结合起来

项目团队的奖励常常与它所取得的具有里程碑意义的成果结合起来，史蒂文·E. 格罗斯这样认为。格罗斯是总部设在费城的 William M. Mercer 公司的雇员酬劳方面的指导。"第一个里程碑可能是使设计方案获得通过，第二个里程碑可能是筹划如何落实方案，第三个里程碑是具体落实方案，等等。这些都是可跟踪和管理的阶段。"格罗斯补充说。按时并且在预算范围内完成项目是另一个可以进行奖励的“里程碑”。

要一直专注于最终目标

如果团队工作到达了一个里程碑，就必须对此进行奖励，但是你也许会反对马上就将奖励兑现。在《奖励团队——来自一线的教训》(*Rewarding Team: Lessons from the Trenches*)一书中提到这样一个案例，金莲发展公司奖励了公司的一个团队，因为他们在4月27日按时完成了中期目标，但是公司一直到7月1日才兑现该奖励。“我们这样做是为了确保人们不把4月27日看成是一个终点，”该团队领导拉里·雷蒙德(Larry Raymond)说，“达到一个重要的具有里程碑意义的阶段后人们会大大松气，但是我们需要一鼓作气。”

奖励酬金的方式

如果团队项目与一项新产品或创收有关，格罗斯建议可以用新产品经营特许权作为奖励，或者让成员拥有更多的公司股份。这样，团队成员就可以“共享未来的潜在收益”，而不只是得到一次性奖励。如果将新产品经营特许权作为奖励，那只有在新产品获得成功时才能得到奖励。如果团队任务涉及降低成本，奖励就应该同节约成本所获得的收益挂钩，并在任务完成时兑现。

让成员自己决定如何分配奖金

罗伯特•P.麦克纳特(Robert P. Mcnutt)在杜邦公司(DuPont Co.)做经理时，曾注意到一个团队是如何制定奖金分配方案的。“团队确定贡献最大的人是谁，此人在团队工作中起到了决定性作用，而且是非指定领导，”麦克纳特说。他现在是巴尔的摩的All First Financial公司人力资源部的副总裁。那位起决定作用的人也许得到了3000～5000美元的奖金，而其他人的奖金可能是500～1000美元。团队达成了共识，虽然它意味着团队成员在制定方案的同时“也在决定自己的命运，但他们是在一种开放的、高绩效的氛围中完成奖金分配的”。

提防不应出现的局面

如果组织中的人员参加过一个或两个团队，那么对奖金的决定和发放就会很容易。但是有些公司的雇员也许参加过数十个甚至更多的项目团队，这就使奖励制度变得异常复杂，因为它必须考虑到不同成员的参与度。它也可能会导致政治游戏。“这会让人们玩这种游戏，对那些似乎不太可能实现目标和获得奖金的团队，人们会采取回避的态度；而对于看来似乎会获得成功的项目团队，人们会争着加入，"莱德福说。

非现金奖励

"非现金"并不意味着"非金钱"

Utilicorp United 是一家总部设在堪萨斯城的能源公司，其项目团队因达到了降低成本的团队目标得到了预定的奖励。但是公司并没有给团队成员开出额外的现金支票，而是发一种叫做"Utibucks"的购物券，让他们在提供的一个商品目录中选购商品。为什么这样做呢？现金奖励往往只满足雇员的日常生活需要，而有导向性的消费计划能促使他们购买比较特别的东西。人们"会记得自己是如何赢得摄像机的，与用同样多的现金去购买它相比，前者所留下的记忆更长久，"《奖励团队》的作者们这样认为。

要让雇员自己选择

按照所提供的商品目录购物的奖励计划的另一个好处是，雇员可以自己选择奖品。这是所有非现金奖励方案中的一个重要问题，因为拿出适合所有人的方案实在太难。“对于所想出的方案，有些人喜欢，而有些人则不喜欢，”西步森公司的莱德福说。让雇员有选择，并不意味着一定要用 Utilibucks 购买规定商品目录中的商品，只是给人们提供了一个备选清单，范围可以从为家政服务付费，到电影票，以及城里的晚宴不等。

把现金奖励与非现金奖励结合起来

非现金奖励的缺陷是，如果只是小小的鼓励，如颁发奖状，那会被认为太小气了。但是现金奖励并不能完全起到庆贺团队成绩的作用。如今在 Wordatwork（正规的美国酬劳联合会）负责灵活酬劳问题的麦克纳特建议，一定要给予现金奖励。但要将现金奖励与公开鼓励结合起来，如对团队说：“多谢你们。”“在周五走出办公室大门时如果听到老板说，干得真不错，你会有非常良好的自我感觉。”

作者简介 ……

作 者 简 介

洛伦·加里(Loren Gary),哈佛商学院出版社编辑和研讨会小组的组长。

吉姆·比林顿(Jim Billington),《哈佛管理前沿》(Harvard Management Update)杂志的撰稿人。

史蒂夫·巴斯(Steve Barth),曾是现已停刊的《知识管理》(*Knowledge Management*)杂志社的编辑,家住加利福尼亚的长滩。

吉姆·比奥洛斯(Jim Biolos),《哈佛管理前沿》杂志撰稿人。

吉姆·克林(Jim Kling),《哈佛管理前沿》杂志的撰稿人。

马蒂森·克罗(Mattison Crowe),《哈佛管理前沿》杂志的撰稿人。

丽贝卡·M. 桑德斯(Rebecca M. Saunders),自由作家,常住纽约城。

戴维·斯托弗(David Stauffer),作家,常住蒙大那州的雷德洛奇。

查尔斯·沃德尔(Charles Wardell),《哈佛管理前沿》杂志的撰稿人。